证券投资分析

主　编◎李娇　张宁

ZHENGQUAN TOUZI FENXI

西南财经大学出版社
Southwestern University of Finance & Economics Press
中国·成都

图书在版编目(CIP)数据

证券投资分析/李娇,张宁主编.—成都:西南财经大学出版社,2018.12

ISBN 978-7-5504-3847-7

Ⅰ.①证… Ⅱ.①李…②张… Ⅲ.①证券投资—投资分析—高等学校—教材 Ⅳ.①F830.91

中国版本图书馆 CIP 数据核字(2018)第 271240 号

证券投资分析

主编 李娇 张宁

责任编辑:杨婧颖

封面设计:何东琳设计工作室 张姗姗

责任印制:朱曼丽

出版发行	西南财经大学出版社(四川省成都市光华村街 55 号)
网　　址	http://www.bookcj.com
电子邮件	bookcj@foxmail.com
邮政编码	610074
电　　话	028-87352211　87352368
照　　排	四川胜翔数码印务设计有限公司
印　　刷	郫县犀浦印刷厂
成品尺寸	185mm×260mm
印　　张	8.75
字　　数	199 千字
版　　次	2018 年 12 月第 1 版
印　　次	2018 年 12 月第 1 次印刷
印　　数	1— 2000 册
书　　号	ISBN 978-7-5504-3847-7
定　　价	29.80 元

前言

上海和深圳股票市场在风风雨雨中已经走过了艰难的30年。在这过去的30年中，投资者们经历了多次惊心动魄的市场变动，在股票行情的大起大落和漫长等待中体味了投身股票市场的酸甜苦辣。作为金融教育的一线工作者，我们见证了所教学生在证券市场中摸爬滚打，目睹了一些人在股市中一夜暴富，也看到了更多的人在股市中花费了大量的时间和精力却一无所获。这也引起了我们金融教育者们的沉思：到底怎样的证券投资分析教材才真正适合经管类专业的学生，到底怎样的教学引导才能让学生更加自如地融入职场和真实的证券市场环境。在这种自省下，也借助于重庆“三特”专业建设的契机，我们编写了本书。

作为经济类学科，尤其是金融学学科群专业，证券投资分析都是必须掌握的知识技能。然而国内教材一般都是偏重于理论的传授，指导学生实际操作的实践性教材较少。本书是重庆工商大学派斯学院金融学专业教师根据多年应用型金融人才培养的经验编写而成，特别注重学生证券投资分析实践能力的培养。

由于学识和时间有限，本书难免有诸多瑕疵和疏漏，请读者指正。

编　者

2018年春编者写于重庆市合川

目录

1 / **第一章　证券公司柜台业务流程实训篇**

第一节　开立 A 股证券账户 ………………………………………… (1)

实训项目 1：如何开 A 股证券账户 ………………………………… (12)

第二节　证券账户挂失补办 ………………………………………… (13)

第三节　证券账户销户 ……………………………………………… (15)

实训项目 2：证券账户的挂失补办 ………………………………… (20)

23 / **第二章　证券投资客户经理的职能与礼仪实训篇**

第一节　证券投资客户经理的职责 ………………………………… (23)

实训练习 1：设计一个老客户维护方案 …………………………… (25)

第二节　证券投资客户经理的素质 ………………………………… (27)

实训练习 2：如何培养客户经理受挫能力 ………………………… (30)

实训练习 3：如何提升客户经理的自信心（1） …………………… (32)

实训练习 4：如何提升客户经理的自信心（2） …………………… (35)

实训练习 5：如何训练学生具备证券投资行业所要求的素质 …… (37)

第三节　证券投资客户经理工作目标的确定 ……………………… (39)

实训练习 6：学会如何制定工作目标 ……………………………… (39)

第四节　证券投资客户经理的礼仪 ………………………………… (42)

模拟情景 2-1　证券公司营业部证券投资客户经理团队培训 …… (44)

模拟情景 2-2　证券公司营业部、商业银行营业部 ……………… (45)

第五节　待人接物的常用礼节 ……………………………………… (45)

模拟情景 2-3　证券公司营业部或是与客户约见的其他地方 …… (48)

模拟情景 2-4　证券公司营业部 …………………………………… (49)

第六节　聆听的礼仪 ………………………………………………… (49)

51 / **第三章　证券投资客户管理实训篇**

第一节　证券投资客户管理流程 …………………………………………… (51)

实训练习 1：让证券投资经纪人明确客户管理的目标，并掌握实现目标的途径 ………………………………………………… (56)

实训练习 2：通过专业记忆训练，学会记住客户、客户资料 ……… (58)

实训练习 3：掌握个性化服务的方法 ……………………………… (63)

第二节　证券投资客户分类管理 …………………………………………… (66)

实训练习 4：学会从不同的人群中判断潜在客户类型 ……………… (68)

实训练习 5：掌握寻找客户的途径 ………………………………… (71)

实训练习 6：对基金资料的整理与归纳等专业训练，学会为小客户提供超值的服务 ………………………………………………… (74)

模拟情景设计 3-1　在实训室模拟证券客户经理研讨会 ……………… (76)

实训练习 7：掌握客户经理管理大客户应具备的基本素质 ………… (79)

实训练习 8：通过对股票市场资料的整理与归纳专业训练，学会为客户提供超值的服务 ………………………………………… (85)

89 / **第四章　证券投资分析基本分析实训篇**

第一节　证券投资的宏观经济分析 ………………………………………… (89)

实训练习 1：分析财政政策、货币政策和汇率变动对证券市场价格有何影响 ……………………………………………………… (95)

第二节　行业分析（中观分析） …………………………………………… (98)

实训练习 2：选择一个行业、分析行业生命周期的变动对股价的影响 …………………………………………………………… (103)

第三节　公司因素分析（微观因素） …………………………………… (105)

实训练习 3：分组讨论财务分析的主要内容，并形成书面记录 ……… (110)

实训练习 4：分组讨论对公司的财务分析主要从哪几个方面入手、形成书面记录 ………………………………………………… (112)

115/ **第五章　证券投资技术分析实训篇**

第一节　K 线与量价分析方法 …………………………………………… (115)

第二节　葛兰碧量价关系理论 …………………………………………… (116)

第三节　趋势分析 ………………………………………………………… (117)

第四节　波浪理论基本原理 ……………………………………………… (119)

实训练习 1：初步掌握证券投资技术分析的基本原理 ……………… (121)

实训练习 2：掌握基本的趋势理论和波浪理论内容 ………………… (123)

第五节　基本技术分析指标 ……………………………………………… (126)

实训练习 3：掌握常见的技术分析指数，能够运用技术指标分析实时的证券行情 ………………………………………………… (131)

第一章 证券公司柜台业务流程实训篇

■**本章简介**

证券公司柜台业务流程分为A股证券账户的开立与证券账户挂失补办。因此本章分为三节，第一节介绍了开立A股证券账户的流程，第二节介绍了证券账户挂失补办的流程，第三节介绍了证券账户销户的流程。

■**学习目标**

1. 能熟练开展证券公司营业部各项柜台业务。
2. 能指导客户填写开立账户所需填写协议文件，能正确审核客户开户资料，能辨别客户资料的真伪，规避在办理业务中可能出现的失误。
3. 能整理归纳各项业务资料。
4. 能为客户提供证券投资基本咨询服务。

第一节 开立A股证券账户

一、基本概念

（1）证券账户：证券账户是指证券登记结算机构为投资者设立的，用于准确记载投资者所持的证券种类、名称、数量及相应权益和变动情况的账册，是投资者进行证券交易的先决条件。

（2）股东代码：股东代码是证明投资者股东身份和区别各投资者的重要凭证，具有证明股东身份的法律效力。股东代码在开立证券账户时自动生成。

（3）资金账户：股票资金账户是股民进行股票交易的一种账户形式。股民需要通过股票资金账户进行股票买卖，是目前进行股票买卖操作所必需的账户。由于证监会取消了证券营业部的资金柜，所以客户的资金账户就是客户开户时所绑定的第三方存管的银行卡。

二、开户所需材料

开户所需的材料有《自然人证券账户注册申请表》《证券开户风险揭示书》《证券交易委托代理协议书》、身份证、银行卡。

三、证券开户流程

（1）申请人提交身份证原件；

（2）柜员审核客户的证件是否真实，审核证件所有者和客户是否为同一人；

（3）客户填写“自然人证券账户注册申请表”（见表 1-1），签署《证券交易委托代理协议书》《证券开户风险揭示书》；

（4）柜员审核客户填写的资料准确无误后将客户资料录入计算机证券开户系统，并传输给中国证券登记结算公司；

（5）柜员根据中国证券登记结算公司返回的结果生成证券账户卡并打印，加盖证券公司证券账户开户专用章；

（6）柜员将客户的身份证、证券账户卡和加盖了相关业务章的开户凭证联交给客户，并向其分发相关宣传资料；

（7）柜员将客户的相关资料整理归档。

四、样表和相关资料

表 1-1 为自然人证券账户注册申请表：

表 1-1　　　　　　　　　　　　自然人证券账户注册申请表

<table>
<tr><td rowspan="14">申请人填写</td><td>账户持有人姓名</td><td colspan="10">李明</td><td colspan="4">国籍或地区</td><td colspan="4">中国</td></tr>
<tr><td>移动电话</td><td colspan="10">18866668888</td><td colspan="4">固定电话</td><td colspan="4"></td></tr>
<tr><td>联系地址</td><td colspan="18">重庆市江北区帝国大厦 1205 室</td></tr>
<tr><td>电子邮件地址</td><td colspan="10"></td><td colspan="4">邮政编码</td><td colspan="4">400000</td></tr>
<tr><td>有效身份证明文件类别</td><td colspan="10">☑身份证　□护照　□其他</td><td colspan="4">身份证明文件有效期截止日期</td><td colspan="4">☑2020 年 5 月 22 日
□长期有效</td></tr>
<tr><td>有效身份证明文件号码</td><td>5</td><td>0</td><td>0</td><td>1</td><td>0</td><td>5</td><td>1</td><td>9</td><td>8</td><td>6</td><td>0</td><td>8</td><td>0</td><td>8</td><td>3</td><td>5</td><td>1</td><td>3</td></tr>
<tr><td>职业</td><td colspan="18">□党政机关工作人员　□企事业单位职工　□农民
□个体工商户☑学生　□证券从业人员　□无业　□其他</td></tr>
<tr><td>学位/学历</td><td colspan="18">□博士　□硕士　☑大本　□大专　□中专
□高中　□初中及以下</td></tr>
<tr><td>账户类别</td><td colspan="18">☑沪市 A 股账户　□沪市 B 股账户　☑沪市基金账户　□沪市其他账户
☑深市 A 股账户　□深市 B 股账户　☑深市基金账户　□深市其他账户</td></tr>
<tr><td>是否直接开通网络服务功能</td><td colspan="6">☑是　　　□否</td><td colspan="5">网络服务初始密码（六位数字或字母）</td><td></td><td></td><td></td><td></td><td></td><td></td><td></td></tr>
<tr><td>代办人</td><td colspan="4"></td><td colspan="5">代办人电话</td><td colspan="9"></td></tr>
<tr><td>代办人有效身份证明文件类别</td><td colspan="18">□身份证　□护照　□其他</td></tr>
<tr><td>代办人有效身份证明文件号码</td><td></td><td></td><td></td><td></td><td></td><td></td><td></td><td></td><td></td><td></td><td></td><td></td><td></td><td></td><td></td><td></td><td></td><td></td></tr>
<tr><td>郑重声明</td><td colspan="18">本人已经了解并愿意遵守国家有关证券市场管理的法律、法规、规章及相关业务规则，认真阅读了《证券账户注册说明书》并接受说明书内容，承诺以上填写的内容真实准确。
申请人或代办人签名：日期：2018 年 6 月 6 日</td></tr>
</table>

表1-1(续)

<table>
<tr><td rowspan="8">开
户
代
理
机
构
填
写</td><td colspan="21">审核资料：
☑有效身份证明文件及复印件
☑申请人或代办人是否已签名
☑本表内容是否填写全面、正确</td></tr>
<tr><td>账户类别</td><td colspan="10">上海市场</td><td colspan="10">深圳市场</td></tr>
<tr><td>A 股账户</td><td>A</td><td>*</td><td>*</td><td>*</td><td>*</td><td>*</td><td>*</td><td>*</td><td>*</td><td>*</td><td>0</td><td>*</td><td>*</td><td>*</td><td>*</td><td>*</td><td>*</td><td>*</td><td>*</td><td>*</td></tr>
<tr><td>B 股账户</td><td></td><td></td><td></td><td></td><td></td><td></td><td></td><td></td><td></td><td></td><td></td><td></td><td></td><td></td><td></td><td></td><td></td><td></td><td></td><td></td></tr>
<tr><td>基金账户</td><td></td><td></td><td></td><td></td><td></td><td></td><td></td><td></td><td></td><td></td><td></td><td></td><td></td><td></td><td></td><td></td><td></td><td></td><td></td><td></td></tr>
<tr><td>其他账户</td><td></td><td></td><td></td><td></td><td></td><td></td><td></td><td></td><td></td><td></td><td></td><td></td><td></td><td></td><td></td><td></td><td></td><td></td><td></td><td></td></tr>
<tr><td colspan="11">经办人：张豪
复核人：王振
传真：</td><td colspan="10">开户代理机构盖章：
联系电话：
填表日期：2018 年 6 月 6 日</td></tr>
<tr><td colspan="21"></td></tr>
<tr><td>备
注</td><td colspan="21"></td></tr>
</table>

说明：①填写内容必须真实、准确、完整，字迹要清楚、整洁；②开户申请人选择开通网络服务功能需填写自设的初始密码。从账户开立次日起，开户申请人可访问本公司网站（http：//www. chinaclear. cn），点击“投资者服务”项下“投资者登录”，选择“非证书用户登录”下的“按证券账户”登录方式，使用证券账户号码和初始密码登录，修改初始密码后即可办理证券查询、股东大会网络投票等网络服务。

以下内容为“证券交易委托代理协议书（自然人）”：

依据《中华人民共和国证券法》《中华人民共和国合同法》《中华人民共和国反洗钱法》和其他有关法律、法规、规章以及证券交易所和中国证券登记结算有限责任公司有关交易、结算规则的规定，甲、乙双方就甲方委托乙方代理证券交易及其他相关事宜达成如下协议，供双方共同遵守。

第一章　双方声明及承诺

第一条　甲方向乙方作如下声明和承诺：

甲方具有合法的证券投资资格，不存在法律、法规、规章、证券登记结算机构业务规则以及证券交易所交易规则禁止或限制其投资证券市场的情形。

甲方已接受营业部工作人员对《证券交易相关业务规则》《风险揭示书》和《证券交易委托代理协议书》全部内容的讲解，甲方已详细阅读并充分理解《风险揭示书》中风险提示函、买者自负承诺函、权证风险揭示书、个人投资者行为指引以及《证券交易委托代理协议书》中所有条款的全部内容，特别是有关乙方的免责条款，清楚认识并愿意承担证券市场投资风险。

甲方已清楚知晓乙方对营业部及员工的下述规定：①不得超越经营范围开展其他经营活动；②不得私自接受或全权代理甲方办理开户、银证转账申请、客户资料修改、资金存取、资金划转、委托买卖、指定或撤销指定交易、转托管、交割、办理三方存管等一切与证券交易有关的业务；③不得向甲方承诺证券投资收益、保底收益及分担损失；④不得为甲方从事任何意义上资产管理（代客理财）业务；⑤不得向甲方或第三人私下吸收存款、支付高息；⑥不得向甲方或第三人提供担保。如甲方出现了上述行为，造成的一切后果均自行承担。

甲方选择并确认证券经纪人时，已清楚知晓乙方授予证券经纪人的服务权限和禁止经纪人从事的行为，并清楚知晓为其提供服务的证券经纪人非乙方公司员工，证券经纪人仅能在法律法规规定及乙方授予的权限范围内为甲方提供服务，否则所造成的一切后果由甲方自行承担。甲方选择证券经纪人时，确认其已向甲方出示了“证券经纪人执业证书”。

甲方保证资金来源的合法性，保证在与乙方委托代理关系存续期内所提供资料的真实、有效、合法、完整，并对其承担责任。甲方账户不存在其他实际控制的自然人和交易的实际受益人（如有则另行说明）。

甲方所提供的资料、信息如有变更，甲方承诺及时向乙方办理有关资料更改手续，如因不及时变更所导致的账户无法正常使用等后果均由甲方自行承担。

甲方同意遵守证券市场有关法律、法规、规章以及证券登记结算机构业务规则及证券交易所交易规则。

甲方承诺遵守本协议，并承诺遵守乙方的相关管理制度。

第二条　乙方向甲方作如下声明和承诺：

乙方是依法设立的证券经营机构，具有相应的证券经纪业务资格，且已实施客户交易结算资金第三方存管。

乙方具备开展证券经纪业务的必要条件，能够为甲方的证券交易提供相应服务。

乙方承诺遵守有关证券市场的法律、法规、规章、证券登记结算机构业务规则以及证券交易所交易规则，乙方的经营范围以证券监督管理机关批准的经营内容为限，不接受客户的全权交易委托，不对客户的投资收益或亏损进行任何形式的保证，不编造或传播虚假信息误导投资者，不诱使客户进行不必要的证券买卖。

乙方承诺遵守本协议，按本协议为甲方提供证券交易委托代理服务。

第二章　证券交易资金账户的开立

第三条　本协议所称的资金账户是指客户交易结算资金第三方存管协议（以下简称“第三方存管协议”）中的资金台账，该账户由甲方在乙方开立并专门用于甲方的证券交易，乙方通过该账户对甲方的证券交易进行前端控制、进行清算交收和计付利息等。

第四条　甲方开立资金账户须由本人到乙方柜台办理，乙方不接受其他任何方式的申请。

甲方开立资金账户须提供本人有效身份证明文件原件及复印件、本人同名证券账户卡（如有）及复印件、第三方存管协议，并按乙方要求如实填写开户资料。由甲方提供的前述资料引起的法律后果由甲方承担。

第五条　甲方开立资金账户后，须在资金账户存入足够资金作为客户交易结算资金。资金存入方式应当按照第三方存管协议的有关条款执行。

第六条　甲方依法享有资金存取自由。甲方的证券交易结算资金存入其资金账户，只能通过其银行结算账户以银证转账方式存入，且该资金只能以银证转账方式自其资金账户回到其同名银行结算账户。具体事宜按照第三方存管协议有关条款执行。

第七条　甲方开立资金账户时应自行设置密码，甲方在乙方提供服务的时间内可以随时修改密码。甲方必须牢记该密码，并对密码负有保密责任。

第三章 证券交易委托代理

第八条 乙方为甲方提供以下服务：

接受并执行甲方发出的合法有效的委托指令；代理甲方进行资金、证券的清算、交收；代理保管甲方买入或存入的有价证券；代理甲方领取红利股息及其他利益分配；接受甲方对其委托、成交及资金账户内的资金和证券账户内的证券变化情况的查询，并应甲方要求提供相关清单；双方依法约定的其他事项；证券监督管理机关规定提供的其他服务。

第九条 甲方签署本协议并在乙方处开立了资金账户后，便与乙方建立了证券交易委托代理关系。甲方向乙方发出证券交易指令的行为称为交易委托，简称“委托”。

甲方的交易委托方式以本协议约定的方式为准。除乙方为甲方默认开通的电话委托、柜台委托（应急用）交易方式外，甲方还可向乙方申请开通网上委托、手机委托（统称“网上交易”）、自助委托、驻留委托的交易方式。甲方应熟悉各种委托方式的操作方法，乙方对此有解答咨询的义务。甲方在使用约定开通的委托方式的同时须承担相应的责任和义务。

第十条 如甲方选择网上交易，应充分认识到网上交易是通过基于互联网的证券交易系统发出委托并获取成交结果的交易方式，其上网终端包括电子计算机及手机等设备，因此网上交易除具有其他委托方式所共有的风险外，还存在且不限于以下可能导致甲方损失的特有风险：

由于互联网和移动通信网络数据传输等原因，交易指令可能会出现中断、停顿、延迟、数据错误等情况；甲方账号及密码信息泄露或客户身份可能被仿冒；由于互联网存在被黑客恶意攻击的可能性，网络服务器可能会出现故障及其他不可预测的因素，行情信息及其他证券信息可能会出现错误或延迟；甲方的网络终端设备及软件系统可能会受到非法攻击或病毒感染，导致无法发出委托或委托失败；甲方的网络终端设备及软件系统与乙方所提供的网上交易系统可能不兼容，导致无法发出委托或委托失败；甲方如缺乏网上交易经验，可能因操作不当导致委托失败或委托失误；甲方进行网上交易时，由于网络故障，可能会出现甲方网络终端设备显示其委托已成功，而乙方服务器实际未收到其委托指令，导致甲方未能买入和卖出，或者甲方网络终端设备未显示成功，甲方于是重复发出委托指令，而乙方服务器实际已收到其委托指令，并按其指令进行了交易，导致甲方重复买入和卖出。

第十一条 对于本协议第十条所列示的风险导致的甲方损失，乙方不承担任何赔偿责任。

第十二条 甲方进行网上交易所使用的软件必须是乙方提供的或从乙方指定站点下载的。甲方使用其他途径获得的软件所产生的后果由甲方自行承担。

第十三条 甲方申请开通网上交易时，应设定网上交易使用的通信密码或领取“CA 证书”及证书密码（一般以乙方提供的方式为准），凡使用甲方的资金账户号、证券账户号、交易密码、通信密码（证书密码）进行的网上交易均视为甲方自行操作，由此所产生的一切后果由甲方承担。

第十四条 甲方申请开通网上交易后，如遇网络中断、高峰拥挤或网上交易被冻结时，可采用电话等其他方式发出委托。

第十五条　甲方网上交易的单笔委托数量及单个交易日最大成交金额等限制按照证券监督管理机关的有关规定执行。

第十六条　甲方确认在使用网上交易系统时如果连续五次输错密码，乙方有权暂时冻结甲方的网上委托交易方式，连续输错密码的次数以乙方的电脑记录为准。甲方的网上委托交易方式被冻结后，可向乙方申请解冻或拨打乙方客服热线咨询。

第十七条　甲方应单独使用乙方网上交易系统，不得与他人共享。甲方不得擅自向第三方泄露通过乙方网上交易系统获得的乙方提供的相关证券信息参考资料。甲方不得利用乙方网上交易系统从事证券代理买卖业务并从中收取费用。如甲方违反上述约定，乙方有权冻结甲方的网上交易功能，并有权追究甲方的法律责任。

第十八条　对于本协议签订之后出现的新的证券交易委托方式和证券业务品种，在符合国家有关法律法规和行业规范的前提下，乙方可视情况为甲方适时提供网上开通或预约服务。

甲方通过互联网或移动通信网络开通新的委托方式或证券业务品种时，应按照乙方规定的流程输入资金账户号（或证券账户号）、交易密码和其他身份校验信息。凡经乙方验证其输入无误的，即视为甲方本人操作办理，通过网上交易系统签署的申请表单或协议即视为甲方本人签署，由此所产生的一切后果由甲方承担。

第十九条　甲方通过本协议第九条约定的委托交易方式发出的委托指令均以乙方电脑记录资料为准。甲方进行柜台委托（应急）时，须提供本人有效身份证明文件、甲方证券账户卡和资金账户卡，并按乙方要求填写委托单。否则，乙方有权拒绝受理甲方的委托，由此造成的后果由甲方承担。

甲方在使用非柜台委托方式进行证券交易时，必须严格按照乙方证券交易委托系统的提示进行操作，因甲方操作失误造成的损失由甲方自行承担。

对乙方电脑系统和证券交易所交易系统拒绝受理的委托，均视为无效委托。

第二十条　甲方在进行委托前须确保已完全了解有关交易规则，避免发出无效委托指令，否则由此导致的一切后果由甲方自行承担。

第二十一条　甲方委托乙方代理买卖证券，可以采取限价委托和市价委托等方式。

第二十二条　甲方在委托有效期内可对未显示成交回报的委托发出撤销委托指令（交易规则另有规定的除外），但由于市场价格随时波动及成交回报速度等原因，甲方的撤销委托指令虽经乙方发出，其未显示成交回报的委托可能已在市场成交，此时甲方必须确认其成交。

第二十三条　乙方按照国家有关管理机构统一规定范围内的标准或惯例向甲方收取甲方各项交易费用、代征税金，向甲方支付客户交易结算资金利息，并在甲方资金账户中自动划转。

第二十四条　乙方对根据甲方有效委托而完成的代理买卖交易所引起的后果不负任何责任。

第二十五条　甲方委托成交与否以证券登记结算机构发送的清算数据为准，成交即时回报与口头答复均仅供参考。由于市场原因或设备、网络通信等技术原因，如果出现甲方委托的价格被穿越后长时间仍无成交即时回报的情况，此时甲方委托成交与否一律以证券登记结算机构发送的清算数据为准。乙方接受甲方对其委托成交及账户资金和证券变化情况的查询，并应甲方的要求提供相应的清单。

第二十六条　甲方应特别注意市场有关配股缴款、红利领取、红股上市等信息，并在配股缴款截止日和红股上市日之前向乙方咨询有关情况。

第二十七条　甲方发现以下异常以致影响甲方的正常交易时，甲方应立即通知乙方：

交易所已开市，甲方无法进入委托交易系统；甲方发现资金账户中资金余额有异常；交易所已开市，甲方发现有价证券余额有异常；甲方知道有人在未经任何授权的情况下使用其用户密码、注册口令或个人证书。

当上述情况发生后，甲方应及时与乙方联系，以保证甲方的正常交易能够尽快恢复。

第二十八条　甲方将证券托管或转托管在乙方处，应及时向乙方确认证券入账情况。

第二十九条　乙方通过本协议第九条约定的委托交易方式提供给甲方的各种信息、数据仅供甲方参考，甲方对其全部证券交易的查询及资金和证券对账均以乙方盖章的对账单为准。

第三十条　乙方接受甲方委托指令时，因甲方原委托指令未撤销而造成乙方无法执行甲方新的委托指令所导致的后果由甲方承担。

第三十一条　甲方应在委托发出后三个交易日内向乙方查询该委托结果。当甲方对查询结果有异议时，须在查询当日以书面方式向乙方质询，甲方逾期未办理查询或未对有异议的查询结果以书面方式向乙方提出质询的，视同甲方已确认该结果。

第三十二条　如甲方选择乙方作为其在上海证券交易所上市交易证券的指定交易代理机构（以下简称“指定交易”），则双方还应遵循：

甲方选择乙方为指定交易代理商，并以乙方为指定交易点，甲方在指定交易期间的证券买卖均通过乙方代理；指定交易的证券品种以在上海证券交易所上市交易的记名证券为限；乙方应在本协议签订当日为甲方完成指定交易账户的申报，如因故延迟，乙方应告知甲方，并最迟于本协议签订之日的下一个交易日完成该指定交易账户的申报；指定交易生效后，甲方证券账户内的记名证券即在乙方处托管，乙方日终根据证券登记结算机构传送的指定交易证券账户的证券余额，为甲方建立明细账，用于进行相关证券的结算过户；甲方根据需要可向乙方书面申请撤销在乙方处的指定交易，乙方应在甲方申请的当日为其办理撤销指定交易申报，如因故延迟，乙方应告知甲方，并最迟于收到书面申请日起下一个交易日完成该指定交易账户的撤销指令，如甲方未履行交易交收义务、账户状态不正常或存在违约情况，不得办理撤销指定交易，甲方不得通过电话委托或自助委托系统等非书面申请方式自行办理指定交易或撤销指定交易。

第三十三条　为保护甲方资产安全，对于超过乙方规定额度的撤销指定交易、转托管或取款，甲方须至少提前一天向乙方提出预约申请。

第四章　证券交易的清算与交收

第三十四条　对于甲方买卖的证券交易所交易的证券品种，乙方按照证券交易所及中国证券登记结算有限责任公司的清算交收规则完成与甲方的证券清算与交收。

第三十五条　对于甲方买卖乙方代销的金融产品，乙方按产品管理人的相关公告进行交收，对于买入产品的交易，乙方在产品管理人确认时扣收甲方资金；对于卖出产品的交易，乙方在收到产品管理人的实际资金后给付甲方资金。由于产品管理人原因造成不能按时完成交收的，乙方不承担交收责任，甲方可向产品管理人或其托管人提出交收要求。

第五章　甲方资料信息变更、账户限制及委托代理关系终止

第三十六条　当甲方重要资料信息变更时，应及时书面通知乙方，并按乙方要求办理变更手续。第三方存管协议另有约定的，从其约定。

前款所述甲方重要资料信息包括但不限于甲方姓名、有效证件类型及号码、证件有效期、证券账户号、代理人信息、存管银行信息、联系方式、通信地址、委托方式等。

第三十七条　甲方办理撤销指定交易、转托管及销户手续，须本人到乙方柜台办理，乙方不接受其他方式的申请。甲方需提供本人有效身份证明文件原件及复印件、证券账户卡及资金账户卡原件，并按乙方要求填写相关申请表。第三方存管协议另有约定的，从其约定。

第三十八条　除非甲方有未履行交易交收义务及违法违规情形，或与乙方签订的各种协议未履行完毕，或账户处于非正常状态等，甲方有权要求乙方及时办理撤销指定交易、转托管及销户手续，终止与乙方的委托代理关系。第三方存管协议另有约定的，从其约定。

第三十九条　有下列情形之一的，乙方可要求甲方限期纠正，甲方不能按期纠正或拒不纠正的，乙方可视情形限制甲方的交易委托、资金转账、撤销指定交易、转托管及销户等操作，或暂停甲方对其账户的使用，直至撤销与甲方的委托代理关系：

乙方发现甲方向其提供的资料、证件等严重失实，或已过有效期而甲方未在合理期限内更新且未提出合理理由的；乙方发现甲方的资金来源不合法；乙方发现甲方有被证券监管部门、证券交易所认定的违法违规使用账户或严重影响正常交易秩序的异常交易行为；甲方有严重损害乙方合法权益、影响其正常经营秩序的行为；甲方有违法违规行为导致乙方已经或可能被证券监管部门、证券交易所采取监管处罚措施的；法律法规规定和本协议约定的其他情况。

第四十条　乙方撤销其与甲方的委托代理关系，需书面通知甲方，并说明理由。

第四十一条　甲方在收到乙方撤销委托代理关系的书面通知后，须本人到乙方柜台办理销户手续。在甲方收到乙方撤销委托代理关系通知至甲方销户手续办理完毕期间，乙方不接受除卖出甲方持有证券外的所有委托指令。

第六章　甲乙双方的责任及免责条款

第四十二条　甲方委托乙方买卖证券时应保证其资金账户及证券账户中有足够的资金或证券，保证根据成交结果承担相应的清算交收责任，否则乙方有权拒绝甲方的委托指令。甲方资金或证券不足时，因非正常原因造成甲方买入或卖出成功的，甲方应承担透支资金或卖空证券的归还责任，乙方有权对甲方的资金和证券进行处分，包括但不限于限制取款和限制交易、留置、扣划、强制平仓等，由此造成的全部损失和法律后果由甲方自行承担，给乙方造成的损失，乙方有权追偿。因非正常原因造成甲

方账户资产超过其应得资产时，甲方应及时返还其不当得利，乙方有权按甲方账户实际发生额对相关资产予以扣划调整。

第四十三条　甲方委托乙方买卖证券成交的，应当依法纳税并按约定向乙方交纳佣金。

第四十四条　乙方郑重提醒甲方注意密码的保密。任何使用甲方密码进行的操作均视为甲方行为；由于密码失密给甲方造成损失的，甲方自行承担全部经济损失和法律后果。

第四十五条　乙方对甲方的开户资料、委托事项、交易记录等负有保密义务，非经法定有权机关或甲方许可或授权，不得向第三人透露，因第三方存管协议有约定可被存管银行获悉的除外。乙方承担因其擅自泄露甲方资料给甲方造成的损失和法律后果。

第四十六条　甲方应妥善保管其身份证、证券账户卡和资金账户卡，因他人伪造（变造）身份证、证券账户卡和资金账户卡给甲方造成损失，乙方有过错的，应由乙方先予承担，再依法追偿相关损失。

第四十七条　当甲方遗失身份证、证券账户卡、资金账户卡时，应及时向乙方办理挂失，乙方只接受甲方的当面挂失，不接受其他任何形式的挂失请求，在挂失生效前已经发生的资金及有价证券的损失由甲方承担。

第四十八条　因地震、台风、水灾、火灾、战争、瘟疫、社会动乱及其他不可抗力因素导致甲方损失，乙方不承担任何赔偿责任。

第四十九条　因乙方不可预测或无法控制的系统故障、设备故障、通信故障、电力故障等突发事故及其他非乙方人为因素、监管机关或行业协会规定的其他免责情形，给甲方造成的损失，乙方如无过错则不承担任何赔偿责任。乙方因按照监管机关、交易所、登记结算机构等部门的要求对系统进行改版升级而导致甲方不能正常交易的，乙方不承担任何责任。

第五十条　前两条所述事件发生后，甲乙双方应当及时采取措施防止损失的进一步扩大。

第五十一条　乙方营业部经证券监督管理机关批准发生撤销、搬迁、停业、清算、关闭、合并等情况无法向甲方提供服务的，乙方有权单方面解除本协议而不承担法律责任。

第五十二条　乙方营业场所及营业条件发生变化导致不能保证提供自助委托、驻留委托交易方式的，甲方除可选择电话委托或开通网上交易外，有权单方面解除本协议而不承担法律责任。

第五十三条　乙方应本着勤勉尽责的精神向甲方提供证券交易有关信息资料，乙方向甲方提供的各种信息及资料仅作为投资参考，不构成对甲方进行证券交易的暗示或建议，甲方应自行承担据此进行投资所产生的风险。

第七章　争议的解决

第五十四条　因甲方违反本协议约定而使乙方遭受的损失应由甲方承担责任，乙方对甲方资金账户内的资金及其证券账户内的证券有优先受偿权。

第五十五条　如出现涉及甲方财产继承权或财产归属的纠纷，乙方均按公证机关出具的公证书或司法机关的裁决办理。

第五十六条　本协议执行中发生的纠纷，甲乙双方可以自行协商解决或向中国证券业协会申请调解，若协商或调解不成，双方同意按以下两种方式解决：（如甲方不做选择，则默认为选择第（2）种）

（1）提交仲裁委员会仲裁；

（2）向乙方所在地法院提起诉讼。

第八章　附则

第五十七条　甲乙双方必须严格遵守有关法律、法规、规章、证券登记结算机构业务规则以及证券交易所交易规则的规定。

第五十八条　《风险揭示书》是本协议的组成部分，与本协议具有同等法律效力。如甲方选择开通权证业务，则表明甲方已详细阅读了《权证风险揭示书》，充分理解其权利义务的约定。

第五十九条　乙方按照有关法律、法规、规章、证券登记结算机构业务规则以及证券交易所交易规则的相关规定向甲方收取佣金及其他服务费用、代扣代缴有关税费。

乙方根据前款规定制定佣金及其他服务费用收取标准，并有权根据市场状况调整上述收取标准，但乙方应按照相关法律法规要求事先履行有关程序。

第六十条　甲方的委托凭证是指其柜台委托所填写的单据、非柜台委托所形成的乙方电脑记录资料。

第六十一条　乙方必须根据法律法规规定的方式和期限保存甲方的委托凭证等资料。

第六十二条　甲方持有上市公司有限售条件股份的，相关股份的限售与上市流通须遵照证券监管部门有关规定，乙方按照有关规定对甲方账户及资产采取限制措施导致甲方损失的，乙方不承担任何责任。

第六十三条　本协议签署后，若有关法律、法规、规章、证券登记结算机构业务规则以及证券交易所交易规则修订，本协议相关内容及条款按新修订的规定办理，但本协议其他内容及条款继续有效。

第六十四条　本协议根据有关法律、法规、规章、证券登记结算机构业务规则以及证券交易所交易规则制定，如需修改或增补，修改或增补的内容将由乙方在其营业场所及网站以公告形式通知甲方，若甲方在七日内不提出异议，则公告内容即成为本协议组成部分。

第六十五条　本协议所指的通知方式除上述条款中已有约定外，可以是书面送达通知、电话通知或公告通知。

邮寄的书面通知以回执上注明的收件日期为送达日期，邮件通知无法送达的，以公告通知的方式送达；电话通知即时生效；公告通知在乙方公告（公告内容由乙方在其营业场所及网站或《上海证券报》《中国证券报》《证券时报》任何一种报刊上发布）之日起七日内甲方没有提出异议的，即行生效。

第六十六条　本协议所涉及名词、术语的解释，以法律法规的规定为准；法律法规对此没有解释的，适用证券监督管理机关规范性文件、证券交易所和证券登记结算机构有关规则及行业规章。

第六十七条　本协议有效期自双方签署之日起至甲方资金账户销户或第三十八条、第三十九条所指情形发生时止。

第六十八条　本协议有关资金存管、资金账户注销等条款与第三方存管协议不一致的，以第三方存管协议为准。

第六十九条　本协议签署后甲乙双方一致同意此前签署的相关协议自然终止。

第七十条　本协议一式两份，双方各执一份，每份具有同等法律效力。

本人（甲方）已详细阅读和充分理解《风险揭示书》以及《证券交易委托代理协议书》所有条款的全部内容，自愿签署《证券交易委托代理协议书》。

甲方（签名）：李明　　　　　　　　　　乙方（盖章）：××××证券公司

日期：××××年×月××日

以下内容为“证券开户风险揭示书”：

尊敬的证券投资者：

在进行证券交易时，可能会获得较高的投资收益，但同时也存在着较大的证券投资风险。为了使您更好地了解其中的风险，根据有关证券交易法律法规和证券交易所业务规则，特提供本风险提示书，请仔细详细阅读。

投资者从事证券投资存在如下风险：

（1）宏观经济风险：由于我国宏观经济形势的变化以及周边国家、地区宏观经济环境和周边证券市场的变化，可能会引起国内证券市场的波动，使您存在亏损的可能，您将不得不承担由此造成的损失。

（2）政策风险：有关证券市场的法律、法规及相关政策、规则发生变化，可能引起证券市场价格波动，使您存在亏损的可能，您将不得不承担由此造成的损失。

（3）上市公司经营的风险：由于上市公司所处行业整体经营形势的变化；上市公司经营管理等方面的因素，如经营决策重大失误、高级管理人员变更、重大诉讼等都可能引起该公司证券价格的波动；由于上市公司经营不善甚至于会导致该公司被停牌、摘牌，这些都使您存在亏损的可能。

（4）技术风险：由于交易撮合及行情揭示是通过电子通信技术和电脑技术来实现的，这些技术存在着被网络黑客和计算机病毒攻击的可能，由此可能给您带来损失。

（5）不可抗力因素导致风险：诸如地震、火灾、水灾、战争等不可抗力因素可能导致证券交易系统的瘫痪；证券营业部无法控制和不可预测的系统故障、设备故障、通信故障、电力故障等也可能导致证券交易系统非正常运行甚至瘫痪，这些都会使您的交易委托无法成交或者无法全部成交，您将不得不承担由此导致的损失。

（6）其他风险：由于您密码失密、操作不当、投资决策失误等原因可能会使您发生亏损，该损失将由您自行承担；在您进行证券交易中他人给予您的保证获利或不会发生亏损的任何承诺都是没有根据的，类似的承诺不会减少您发生亏损的可能。

特别提示：本公司敬告投资者，应当根据自身的经济实力和心理承受能力认真制定证券投资策略，尤其是当您决定购买 ST、＊ST 类股票时，尤其应该清醒地认识到该类股票比其他股票蕴涵更大的风险。由此可见，证券市场是一个风险无时不在的市场。您在进行证券交易时存在赢利的可能，也存在亏损的风险。

本风险揭示书并不能揭示从事证券交易的全部风险及证券市场的全部情形。您务必对此有清醒的认识，认真考虑是否进行证券交易。市场有风险，入市需谨慎!

实训项目 1

按班级人数分组，每组 2 名同学，分别扮演证券公司开户办理窗口的柜员和到证券公司开户的客户，按照本节的开户流程填写自然人证券账户注册申请表，扮演柜员的同学向扮演客户的同学详细讲解证券交易委托代理协议书的各项规定，并模拟表演证券开户的整个过程，双方将详细的办理过程记录下来，并予以总结。

实训过程：

实训总结和心得体会：

第二节　证券账户挂失补办

一、挂失补办所需材料

挂失补办手续所需准备的材料有“挂失补办证券账户卡申请表”、身份证。

二、挂失补办流程

（1）客户填写“挂失补办证券账户卡申请表”，并提交本人身份证；

（2）柜员审核客户所填资料和身份证件的真实性、有效性、一致性；

（3）柜员在电脑上为客户办理挂失业务，将客户资料传输到中国证券登记结算公司，经确认后由客户选择补办原号码证券账户卡或者新号码的证券账户卡；

（4）柜员将客户身份证和新的证券账户卡交还客户，并将客户资料整理归档。

三、样表和相关资料

表 1-2 为“挂失补办证券账户卡申请表”。

表 1-2　　挂失补办证券账户卡申请表

<table>
<tr><td rowspan="8">申请人填写</td><td>账户持有人姓名/全称</td><td colspan="3">李明</td></tr>
<tr><td>有效身份证明文件类别</td><td colspan="3">身份证</td></tr>
<tr><td>有效身份证明文件号码</td><td>500105198608083513</td><td>邮政编码</td><td>40000</td></tr>
<tr><td>联系地址</td><td>重庆市江北区帝国大厦 1205 室</td><td>联系电话</td><td>18866668888</td></tr>
<tr><td>经办人签名</td><td></td><td>有效身份证明文件号码</td><td></td></tr>
<tr><td rowspan="2">选择打“√”并填写原证券账户号：</td><td>☑挂失补办原号码</td><td>A＊＊＊＊＊＊＊＊＊</td><td>0＊＊＊＊＊＊＊＊＊</td></tr>
<tr><td>☐挂失补办新号码</td><td></td><td></td></tr>
<tr><td>备注</td><td colspan="3"></td></tr>
<tr><td>代理机构审核栏</td><td colspan="4">审核资料：　　　　序号：
法人：
☐法人有效身份证明文件及复印件
☐经办人有效身份证明文件及复印件
☐法定代表人证明书、法定代表人授权委托书（境内法人提供）
☐法定代表人有效身份证明文件复印件（境内法人提供）
☐托管证券营业部（或 B 股托管机构）出具的原证券账户冻结证明
☐境外法人董事会、董事或主要股东授权委托书，能够证明授权人有权授权的文件，以及授权人的有效身份证明文件复印件
☐本表内容是否填写全面、正确
自然人：
☑有效身份证明文件及复印件或户口本、户口所在地公安机关出具的贴本人照片并压盖　公安机关印章的身份证遗失证明及复印件
☑托管证券营业部（或 B 股托管机构）出具的原证券账户冻结证明（补办新号码证券账户卡时提供）
☑本表内容是否填写全面、正确
处理意见：
经办人：张豪　　复核人：王振　　代理机构盖章：
负责人：赵飞　　联系电话：023-25642598
传真：　　日期：2018 年 2 月 11 日</td></tr>
<tr><td>处理结果</td><td colspan="4">挂失补办沪市新号码为：A＊＊＊＊＊＊＊＊＊
挂失补办深市新号码为：0＊＊＊＊＊＊＊＊＊
经办人：张豪</td></tr>
</table>

说明：填写内容必须真实、准确、完整，字迹要清楚、整洁。

第三节　证券账户销户

一、注销账户所需材料

“注销证券账户卡申请表”、身份证。

二、注销账户流程

（1）客户填写“注销证券账户卡申请表”，并提交本人身份证；

（2）柜员审核客户所填资料和身份证件的真实性、有效性、一致性；

（3）柜员在电脑上为客户办理注销业务，将客户资料传输到中国证券登记结算公司，经确认后为客户注销证券账户；

（4）柜员将客户身份证交还客户，并将客户资料整理归档。

三、样表和相关资料

表 1-3 为“注销证券账户申请表”。

表 1-3　　注销证券账户申请表

<table>
<tr><td rowspan="6">申请人填写栏</td><td>账户持有人
姓名/全称</td><td colspan="3">李明</td></tr>
<tr><td>有效身份证明
文件号码</td><td colspan="3">500105198608083513</td></tr>
<tr><td rowspan="2">证券账户号</td><td>上海 A 股</td><td colspan="2">A＊＊＊＊＊＊＊＊＊</td></tr>
<tr><td>深圳 A 股</td><td colspan="2">0＊＊＊＊＊＊＊＊＊</td></tr>
<tr><td colspan="4">注销原因：证券账户卡已遗失</td></tr>
<tr><td>经办人签名</td><td>张豪</td><td>联系电话及地址</td><td>023-25642598</td></tr>
</table>

表1-4（续）

<table>
<tr><td>代理机构审核栏</td><td>审核资料：　　　　　　　　　　　　序号：
法人：
□证券账户卡
□法人有效身份证明文件及复印件
□经办人有效身份证明文件及复印件
□法定代表人证明书、法定代表人授权委托书（境内法人提供）
□法定代表人有效身份证明复印件（境内法人提供）
□境外法人董事会、董事或主要股东授权委托书，能够证明授权人有权授权的文件，以及授权人的有效身份证明文件复印件
□本表内容是否填写全面、正确
自然人：
☑证券账户卡
☑有效身份证明文件及复印件
☑本表内容是否填写全面、正确

处理意见：

经办人：张豪　　　　　　代理机构盖章：
复核人：王振　　　　　　联系电话：023-25642598
传真：　　　　　　　　　日期：2018年6月15日</td></tr>
<tr><td>处理结果</td><td>证券账户已注销

签　名：张豪　　　　　　日期：2018年6月15日</td></tr>
</table>

注意事项：若证券账户持有人的证券账户卡已丢失，须在“注销原因”栏注明“证券账户卡已遗失”。

表 1-4 为“自然人证券账户注册申请表”。

表 1-4　　　　**自然人证券账户注册申请表**

<table>
<tr><td rowspan="14">申请人填写</td><td>账户持有人姓名</td><td colspan="2"></td><td>国籍或地区</td><td></td></tr>
<tr><td>移动电话</td><td colspan="2"></td><td>固定电话</td><td></td></tr>
<tr><td>联系地址</td><td colspan="4"></td></tr>
<tr><td>电子邮件地址</td><td colspan="2"></td><td>邮政编码</td><td></td></tr>
<tr><td>有效身份证明文件类别</td><td colspan="2">□身份证　□护照　□其他</td><td>身份证明文件有效期截止日期</td><td>□　　年　月　日
□长期有效</td></tr>
<tr><td>有效身份证明文件号码</td><td colspan="4"></td></tr>
<tr><td>职业</td><td colspan="4">□党政机关工作人员　□企事业单位职工　□农民
□个体工商户　□学生　□证券从业人员　□无业　□其他</td></tr>
<tr><td>学位\学历</td><td colspan="4">□博士　□硕士　□大本　□大专　□中专
□高中　□初中及以下</td></tr>
<tr><td>账户类别</td><td colspan="4">□沪市 A 股账户　□沪市 B 股账户　□沪市基金账户　□沪市其他账户
□深市 A 股账户　□深市 B 股账户　□深市基金账户　□深市其他账户</td></tr>
<tr><td>是否直接开通网络服务功能</td><td>□是　　□否</td><td>网络服务初始密码（六位数字或字母）</td><td colspan="2"></td></tr>
<tr><td>代办人</td><td></td><td>代办人电话</td><td colspan="2"></td></tr>
<tr><td>代办人有效身份证明文件类别</td><td colspan="4">□身份证　□护照　□其他</td></tr>
<tr><td>代办人有效身份证明文件号码</td><td colspan="4"></td></tr>
<tr><td>郑重声明</td><td colspan="4">本人已经了解并愿意遵守国家有关证券市场管理的法律、法规、规章及相关业务规则，认真阅读了《证券账户注册说明书》并接受说明书内容，承诺以上填写的内容真实、准确。
申请人或代办人签名：　　　　日期：　年　月　日</td></tr>
<tr><td rowspan="7">开户代理机构填写</td><td colspan="5">审核资料：
□有效身份证明文件及复印件
□申请人或代办人是否已签名
□本表内容是否填写全面、正确</td></tr>
<tr><td>账户类别</td><td colspan="2">上海市场</td><td colspan="2">深圳市场</td></tr>
<tr><td>A 股账户</td><td colspan="2"></td><td colspan="2"></td></tr>
<tr><td>B 股账户</td><td colspan="2"></td><td colspan="2"></td></tr>
<tr><td>基金账户</td><td colspan="2"></td><td colspan="2"></td></tr>
<tr><td>其他账户</td><td colspan="2"></td><td colspan="2"></td></tr>
<tr><td colspan="3">经办人：
复核人：
传真：</td><td colspan="2">开户代理机构盖章：
联系电话：
填表日期：</td></tr>
<tr><td>备注</td><td colspan="5"></td></tr>
</table>

说明：①填写内容必须真实、准确、完整，字迹要清楚、整洁。②开户申请人选择开通网络服务功能的，需填写自设的初始密码。从账户开立次日起，开户申请人可访问本公司网站（http：//www. chinaclear. cn），点击“投资者服务”项下“投资者登录”，选择“非证书用户登录”下的“按证券账户”登录方式，使用证券账户号码和初始密码登录，修改初始密码后即可办理证券查询、股东大会网络投票等网络服务。

表 1-5 为“挂失补办证券账户卡申请表”。

表 1-5　　挂失补办证券账户卡申请表

<table>
<tr><td rowspan="8">申请人填写</td><td>账户持有人姓名/全称</td><td colspan="4"></td></tr>
<tr><td>有效身份证明文件类别</td><td colspan="4"></td></tr>
<tr><td>有效身份证明文件号码</td><td colspan="2"></td><td>邮政编码</td><td></td></tr>
<tr><td>联系地址</td><td colspan="2"></td><td>联系电话</td><td></td></tr>
<tr><td>经办人签名</td><td></td><td>有效身份证明文件号码</td><td colspan="2"></td></tr>
<tr><td rowspan="2">选择打“√”并填写原证券账户号：</td><td>□挂失补办原号码</td><td colspan="3"></td></tr>
<tr><td>□挂失补办新号码</td><td colspan="3"></td></tr>
<tr><td>备注</td><td colspan="4"></td></tr>
<tr><td>代理机构审核栏</td><td colspan="5">审核资料：　　　　序号：
法人：
□法人有效身份证明文件及复印件
□经办人有效身份证明文件及复印件
□法定代表人证明书、法定代表人授权委托书（境内法人提供）
□法定代表人有效身份证明文件复印件（境内法人提供）
□托管证券营业部（或 B 股托管机构）出具的原证券账户冻结证明
□境外法人董事会、董事或主要股东授权委托书，能够证明授权人有权授权的文件，以及授权人的有效身份证明文件复印件
□本表内容是否填写全面、正确
自然人：
□有效身份证明文件及复印件或户口本、户口所在地公安机关出具的贴本人照片并压盖公安机关印章的身份证遗失证明及复印件
□托管证券营业部（或 B 股托管机构）出具的原证券账户冻结证明（补办新号码证券账户卡时提供）
□本表内容是否填写全面、正确
处理意见：
经办人：　　复核人：　　代理机构盖章：
负责人：　　联系电话：
传真：　　日期：</td></tr>
<tr><td>处理结果</td><td colspan="5">挂失补办沪市新号码为：
挂失补办深市新号码为：
经办人：</td></tr>
</table>

说明：填写内容必须真实、准确、完整，字迹要清楚、整洁。

注意事项：若证券账户持有人的证券账户卡已丢失，须在“注销原因”栏注明“证券账户卡已遗失”字样。

表 1-6 为“注销证券账户申请表”。

表 1-6　　　　　　　　　　　　**注销证券账户申请表**

<table>
<tr><td rowspan="6">申请人填写栏</td><td colspan="2">账户持有人
姓名/全称</td><td colspan="3"></td></tr>
<tr><td colspan="2">有效身份证明
文件号码</td><td colspan="3"></td></tr>
<tr><td colspan="2" rowspan="2">证券账户号</td><td colspan="2"></td><td></td></tr>
<tr><td colspan="2"></td><td></td></tr>
<tr><td colspan="5">注销原因：</td></tr>
<tr><td>经办人签名</td><td></td><td colspan="2">联系电话及地址</td><td></td></tr>
<tr><td>代理机构审核栏</td><td colspan="5">审核资料：　　　　　　　　　　　　序号：
法人：
□证券账户卡
□法人有效身份证明文件及复印件
□经办人有效身份证明文件及复印件
□法定代表人证明书、法定代表人授权委托书（境内法人提供）
□法定代表人有效身份证明复印件（境内法人提供）
□境外法人董事会、董事或主要股东授权委托书，能够证明授权人有权授权的文件，以及授权人的有效身份证明文件复印件
□本表内容是否填写全面、正确
自然人：
□证券账户卡
□有效身份证明文件及复印件
□本表内容是否填写全面、正确
处理意见：
经办人：　　　　　　　　代理机构盖章：
复核人：　　　　　　　　联系电话：
传真：　　　　　　　　　日期：</td></tr>
<tr><td>处理结果</td><td colspan="5">签　名：　　　　　　　　　日期：</td></tr>
</table>

实训项目 2

按班级人数分组，每组 2 名同学、分别扮演证券公司柜员和到证券公司开户的客户，按照本节的挂失补办证券账户的流程，进行挂失补办证券账户的具体操作，每组成员都要将详细的过程记录下来，并予以总结。

表 1-7 为“挂失补办证券账户卡申请表”。

表 1-7　　挂失补办证券账户卡申请表

<table>
<tr><td rowspan="8">申请人填写</td><td>账户持有人姓名/全称</td><td colspan="4"></td></tr>
<tr><td>有效身份证明文件类别</td><td colspan="4"></td></tr>
<tr><td>有效身份证明文件号码</td><td colspan="2"></td><td>邮政编码</td><td></td></tr>
<tr><td>联系地址</td><td colspan="2"></td><td>联系电话</td><td></td></tr>
<tr><td>经办人签名</td><td></td><td>有效身份证明文件号码</td><td colspan="2"></td></tr>
<tr><td rowspan="2">选择打“√”并填写原证券账户号：</td><td>□挂失补办原号码</td><td></td><td colspan="2"></td></tr>
<tr><td>□挂失补办新号码</td><td></td><td colspan="2"></td></tr>
<tr><td>备注</td><td colspan="4"></td></tr>
<tr><td>代理机构审核栏</td><td colspan="5">审核资料：　　　　序号：
法人：
□法人有效身份证明文件及复印件
□经办人有效身份证明文件及复印件
□法定代表人证明书、法定代表人授权委托书（境内法人提供）
□法定代表人有效身份证明文件复印件（境内法人提供）
□托管证券营业部（或 B 股托管机构）出具的原证券账户冻结证明
□境外法人董事会、董事或主要股东授权委托书，能够证明授权人有权授权的文件，以及授权人的有效身份证明文件复印件
□本表内容是否填写全面、正确
自然人：
□有效身份证明文件及复印件或户口本、户口所在地公安机关出具的贴本人照片并压盖公安机关印章的身份证遗失证明及复印件
□托管证券营业部（或 B 股托管机构）出具的原证券账户冻结证明（补办新号码证券账户卡时提供）
□本表内容是否填写全面、正确
处理意见：
经办人：张豪　　复核人：王振　　代理机构盖章：
负责人：赵飞　　联系电话：
传真：　　日期：　　年　月　日</td></tr>
<tr><td>处理结果</td><td colspan="5">挂失补办沪市新号码为：
挂失补办深市新号码为：
经办人：</td></tr>
</table>

说明：填写内容必须真实、准确、完整，字迹要清楚、整洁。

实训过程：

实训总结和心得体会：

第二章 证券投资客户经理的职能与礼仪实训篇

■本章简介

证券投资客户经理是连接证券公司与客户的桥梁，证券投资客户经理应该具备哪些基本职能与礼仪是必须学习的内容。

■学习目标

1. 要求学生理解证券投资客户经理的基本职能。
2. 要求学生掌握必备的礼仪知识。
3. 要求学生掌握证券投资客户经理基本的礼仪。

第一节 证券投资客户经理的职责

一、证券投资客户经理的工作内容

要做一名成功的证券投资客户经理，就必须明确自己的工作职责。在明确其自身职责之前，有必要先了解其工作内容。下文介绍了客户经理的主要工作内容，客户经理的工作内容至少应包括以下两部分。

1. 客户开发

虽然现在炒股的人越来越多，但毕竟与不炒股的人相比，炒股的人的比例还是很小，因此客户经理必须努力地去开发客户，具体步骤如表 2-1 所示。

表 2-1 客户开发步骤表

步骤一	客户名单获取	方法一：发传单 方法二：购买

表2-1(续)

步骤二	客户约见	方法一：电话 方法二：直邮 方法三：电话营销（推荐使用）
步骤三	客户促成	由前面两个环节的铺垫，第三个环节就容易做了，一般而言，只要客户肯见面，就基本能成交 本步骤要求客户经理对证券有一定的认识，至少在面对客户的提问时，能进行专业的解释

2. **客户维护**

客户维护对客户经理而言至关重要，维护客户往往是为了培养客户的忠诚度，而客户是否忠诚，在很大程度上取决于他或她有没有得到优良的关怀服务。目前，证券市场普遍都采用远程交易的方式，很少与客户直接接触，所以需要通过以下两个环节的工作来维护客户，如表 2-2 所示。

表 2-2　　维护客户关系的方法

方法	工作内容	特点
上门维护	上门取单、送单、提供咨询维护、协助客户进行资金安排，营销自身金融产品	客户经理经常采用上门维护的方式，与客户维护关系中大部分时间是在客户那里
知识维护	普及金融知识、启迪金融意识是金融企业培育客户群、刺激金融需求的重要保证。客户经理可以在帮助客户治家理财的过程中，为客户提供良好的知识和信息服务，提高自身的信誉，增强客户对自己的信任	能提供知识维护的客户经理才是证券投资业务的专家
情感维护	客户经理在与客户的沟通中，应设身处地为客户着想，不仅要把产品营销出去，还要注重与客户的情感维系，与客户建立长期稳定的朋友关系	先与客户做朋友，把真诚的情感、真挚的语言和美的享受注入维护客户的全过程中。向客户提供具有人情味的、超出其心理预期的服务
顾问式营销维护	客户经理在以专业营销技巧进行产品营销的同时，能运用综合分析的能力，满足客户的不同投资需求，并能帮助客户预见其未来的财务需求而提出针对性建议	面对客户，客户经理要发挥自身的顾问、咨询等作用，谋求买卖双方的长期信任与合作
交叉销售维护	当客户接受证券公司服务或产品时，客户经理应当努力争取为其提供尽可能多的服务	从客户的需求出发，为其设计更多产品和服务

客户经理主要有两项工作内容：开发客户与维护客户，而这两大工作内容在时间的安排上应该是动态的。客户经理前期的主要工作可能要放在客户的开发上，而随着客户的逐步增多，开发的工作量将逐步减少，取而代之的将是客户维护。把客户维护好了，还可以在老客户身边开发新客户，所以一定要努力维护好自己的客户，这将是客户经理的事业可持续发展的重要基础。客户经理的主要职责见表 2-3 所示：

表 2-3　　　　证券投资客户经理职责

职责	内容描述
定期与客户进行沟通和联络	①时刻关注客户的需求动态，做好售后服务工作和维护客户关系。②定期拜访客户，根据客户投资收益情况，定期对客户价值做出判断。③注重与客户进行沟通和协调，彼此形成互相信任的关系，提升客户对公司的满意度和忠诚度
不断地向客户营销和推介公司相关产品和服务	①根据客户需求的变化，寻找客户需求与证券产品和服务的结合点。②开发客户的潜在需求。运用各种营销手段与技巧，让客户从使用公司单一产品，向使用综合产品发展，进而提升客户关系的价值
负责收集客户各种信息	①收集需求信息、财务信息等。②对收集到的信息进行分类整理，然后归入客户资料档案。③将客户财务等方面的信息传递到公司相关部门，以便公司全面整合客户资源
主动寻找目标客户、开发新客户。	学会并能运用各种技巧扩大客户资源。
负责客户前期调查	①初步评价产品设计方案。②提出业务建议。③提交关于客户的各种信息资料、客户综合服务方案和客户价值评估报告等方面的文字材料。④与其他部门积极主动地进行关系协调。⑤在与客户沟通中，要注意发挥营销功能，积极宣传公司文化与理念，为公司树立整体的社会形象

实训练习 1

目的：明确客户经理的工作职责，掌握客户开发和维护的方法和技巧。

规则与要求：客户经理四人一组，设计一个老客户维护方案。

场景：在实训室模拟证券营业部客户经理团队工作室。

客户身份：客户已是证券公司的老客户，做股票投资和基金投资多年。

评价：由教师根据小组设计的客户开发与维护方案的完整性及实用性做评价。

实训过程：

实训总结和心得体会：

第二节　证券投资客户经理的素质

证券投资客户经理的业务素质如何决定了其在推销过程中能否游刃有余。要提高业务素质，要有以下准备工作。首先，要有精神上的准备；其次，在充分的精神准备基础上了解行业本身的素质要求；最后，在基本素质的支撑下来确定工作目标，开始自己的事业之旅。

一、证券投资客户经理的精神准备

在证券投资客户经理的工作中，寻找客户，向客户介绍营业部的产品和服务，最终让客户购买咨询产品、基金产品或开户投资，构成了客户经理工作的大部分内容。而对国家政策的变化能否准确把握，市场行情的变化能否及时处理，投资人的情绪变化能否从容应对，都让客户经理的工作充满了艰辛和挑战，因此，在具备推销过程中必备技能的同时，客户经理还必须有充分的精神准备。

二、证券投资客户经理成功的精神要素

证券投资客户经理成功的精神要素表现在以下方面，如表 2-4 所示：

表 2-4 证券投资客户经理成功的精神要素

内容	具体要求	
制定目标	短期（一天到几个月） 中期（几个月） 长期（一年以上）	写出目标，让自己行动起来 告诉别人，得到别人的帮助
保持积极的心态	建立自信	方法一，不断地取得成功 方法二，不断地想象成功 方法三，不断地强化成功经历
学会应对压力	对于成功的渴望和现实中遇到的挫折会引起巨大的压力 用寻找工作与生活中乐趣的方法调节情绪，排解压力	
怀有梦想	梦想让中小投资者都能按照理性的投资方法，获取稳定的投资收益，不盲目、不悲观，不落入各种各样的投资陷阱	
保持自我激励和获取外在激励	长期保持行动的激励，不断进取把外在的奖励作为内在满足的表现	
勇于表现自己	克服自卑感，大胆地在各种场合向投资者推荐产品，表现自己	
寻找竞争与合作的平衡点	与别人竞争，同时也与自己竞争。与同伴合作，与竞争者合作，谋求最大的成功	

三、积极的自我暗示

为了更加形象直观，请看图 2-1。

自我激励	我是最棒的，我一定行，我真了不起。
自我期望	我要成为一个大老板（大经理）。
自我提醒	成功者是不会轻言放弃的，成功者永不言败。
自我要求	我一定要努力干，干出个名堂。我乐于帮助客户实现他们的目标。
自我欣赏	我很有才，我真行；我富有爱心、乐于助人。
自我表扬	我的优点是独一无二的。我真是好样的。
自我安慰	失败没什么，奋斗终将成功。
自我关心	身体是革命的本钱，我要注意身体。我要坚持锻炼，我很健康。
自我奖励	祝贺你，这份礼物送给你啦。
自我批评	不该这样，不该草率。
自我惩罚	这件事是我不对，我来补偿。
自我总结	做得对，继续干。
自我命令	立即行动！
自我开导	想开点！何必计较这些小节。

图 2-1　积极的自我暗示

证券投资客户经理的基本素质主要有四个方面，具体如表 2-5 所示。

表 2-5　证券投资客户经理的基本素质

品德素质	诚实：这是市场要求的关键 自我激励：不单纯是为了钱，而是享受快乐 从挫败中恢复的能力：这是激烈竞争的需要 具备敬业精神，吃苦耐劳，有责任心、事业心、进取心和纪律 将社会责任感和使命感融入为客户的竭诚服务之中 诚实守信，全面真实地介绍产品 工作积极主动，不消极，不抱怨 遵纪守法，自觉约束自己的行为，不从事违法行为，不做违规业务，自我约束力强等

表2-5(续)

文化素质	客户经理要具备大专或大学本科以上学历，或具有同等学力 具有全面的学习能力、知识更新能力 善于利用各种渠道学习和提高，能够通过接受培训、自学、向他人学习等方式不断进取 具有学习和吸取先进经验和做法的悟性 具有勤奋好学的精神，知识面较宽 具有客户相关于行业的专业知识水准 具有金融从业人员的知识水准，或通过相关的资质认证考试，或具有丰富的银行从业的经验等
技能素质	熟悉所有产品，对证券产品具有操作和管理经验 了解公司有关的业务规定，熟悉公司的发展战略及策略 具有客户至上的工作意识，对市场、客户、新技术、新产品等方面的变换具有敏锐的洞察力 具有丰富的营销经验和营销技巧，善于与客服沟通 具有创新思想，乐于并善于创新，在工作中灵活、敏感，能够及时地调整低效率工作状态 工作效率高，善于利用时间、管理时间，并具有稳健的工作作风 处事果断，善于应变，愿意接受和面对挑战，并愿意虚心学习，自我提高 具有较宽的知识面，对某些客户的行业知识有专业化经验，善于钻研业务 具备获取信息能力、直觉判断能力和综合分析能力，能够在工作中识别客户风险 尊重上级，服从安排，并能够坚持工作管理
沟通素质	人际交往能力强，具有良好的协调与沟通能力，性格外向 注意衣着整洁，举止稳重大方，具有较好的形象和气质 具有较高的文化艺术修养，知识面广，有丰富的人生经历 具有较高的悟性，善解人意，灵活机敏，不死板 语言表达能力强，懂得语言的艺术，善用诙谐、幽默的语言调节会谈的气氛，会应用高明的、委婉的语言来面对客户的拒绝，处理客户的异议 善于借用外部资源，协调工作中的问题 具有豁达、宽容的处世态度，善于合作
心理素质	具有外向、开朗、大度、包容的性格魅力 对挫败和挫折具有较强的心理承受能力 具有挑战性格，不服输，能吃苦耐劳，不断进取 头脑冷静，不感情用事，善于灵活变通 具有积极的心态，并能影响和调整他人的情绪，具有克服困难的勇气和智慧 具有利他主义的精神境界，善于为他人着想，不自私

实训练习 2

目的：通过其他人对自己的评头论足，培养学生作为一位客户经理接受打击和受挫的能力。

规则与要求：要求学生穿职业装参与此次活动训练，每一位学生作为表演者分别站在讲台上，面对大家，由其他学生针对其表现提出批评和建议。在此过程中，表演者要保持微笑。

场景：在会议室或实训室模拟证券营业部客户经理团队培训。

评价：其他学生就表演者的表现发表感想，并加以讨论。

实训过程：

实训总结和心得体会：

实训练习 3

目的：通过自我激励，提高学生作为客户经理的自信心。

规则与要求：每位学生用 3 分钟的时间到讲台上事先准备好的镜子（可看到全身的镜子）前，认真地寻找自己的优点（不少于 6 个），并要讲清楚理由。

场景：在会议室或实训室模拟证券营业部客户经理团队培训。

评价：其他学生就表演者的表现发表感想，并加以讨论。

实训过程：

实训总结和心得体会：

实训练习 4

目的：通过自我激励，提高学生作为客户经理的自信心。

规则与要求：所有学生围坐一圈，让表演的学生在圈中尽自己最大的声音，喊出诸如以下内容："我叫×××，今年 21 岁，我是最棒的，因为我有超强的抗打击能力、良好的沟通能力、非凡的表现力，正如我的名字一样，我很自信，尤其值得一提的是，因为我的人格魅力，所到之处无不受到欢迎！我真的最棒！"

场景：在会议室或实训室模拟证券营业部客户经理团队培训。

评价：其他学生就表演者的表现发表感想，并加以讨论。

实训过程：

实训总结和心得体会：

实训练习 5

目的：训练学生掌握证券投资行业所要求的能力。

规则与要求：由老师指定的提前准备的学生表演场景，看完表演后，其他同学分析该客户经理存在的问题。之后以小组开展练习，每组 2 人，其中 1 人为客户，要用不友好的面部表情、形体语言、态度等来表演。另一人为客户经理，以友好、礼貌、有修养的态度表演，从正反两个方面领会客户经理需具备的职业能力。

场景：在实训室模拟商业银行、证券公司营业部，客户与客户经理初次见面。

客户身份：初次见面的客户。进入股票市场多年，近期股票被套。性格急躁，不善言辞。

评价：以学生设计对话的合理性和客户经理处理冲突的方法和技巧，有效缓解客户不满的程度为标准，由学生互评，教师总结、做评价。

实训过程：

实训总结和心得体会：

第三节　证券投资客户经理工作目标的确定

通过学习，有了相应的精神准备，而且也具备了应有的职业素质，接下来就要有个职业规划了。一般而言，要从确定工作目标做起，之前还应了解有效目标的特征，如图2-2所示。

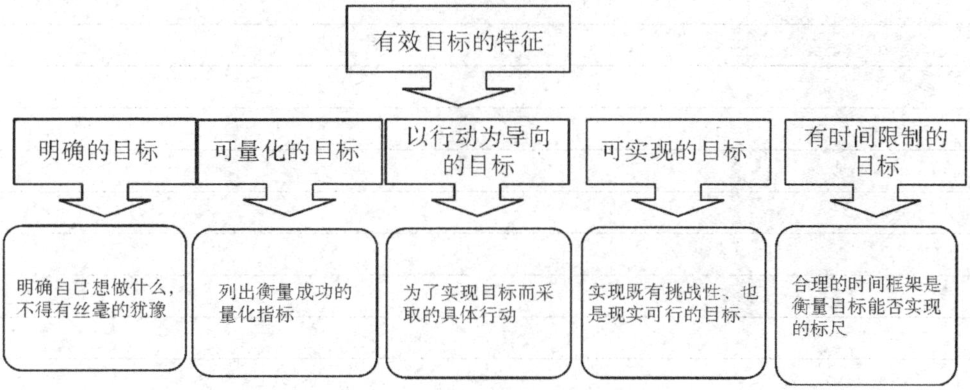

图 2-2　有效目标的特征

实现目标的步骤如图 2-3 所示。

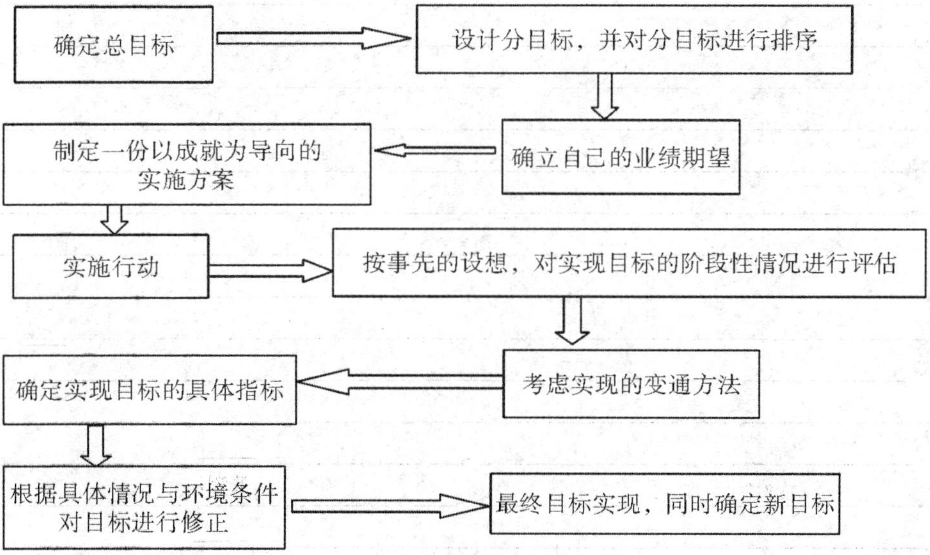

图 2-3　实现目标的 10 个步骤

实训练习 6

目的：学会制定工作目标。

规则与要求：以小组为单位，以书面形式制定团队工作目标，根据不同情况，由各小组组长描述自己的工作目标，并说明理由。班上其他学生围绕其工作目标进行提问，指出优点和不足的地方。

场景：模拟证券公司客户经理培训会，以客户经理团队的合作为基础。

评价：由教师根据各小组设计的工作目标的合理性与可行性进行评价。

实训过程：

实训总结和心得体会：

第四节　证券投资客户经理的礼仪

一、证券投资客户经理职业仪表要求

礼仪是人们在社会交往活动中应共同遵守的行为规范和准则。在证券交易中，除了应具备一些必备的专业技能外，还必须了解与客户相处的规范，这些规范就是客户经理的交际礼仪。学习礼仪首先要摆正位置，端正态度，这在交际中至关重要。良好得体的礼仪行为是客户经理开展工作的前提，学习礼仪能够帮助客户经理顺利地走进市场、走向社会。仪表在社会交往过程中是构成第一印象的主要因素，仪表会影响客户对客户经理专业能力和任职资格的判断。注重仪表应该是全方位的：衣着、发式、面部、饰物、手足甚至口气都是客户经理要注意的内容。

二、着职业装的原则

通常，着职业装要注意面料、色彩和款式三个方面的问题。面料一般以纯毛、纯麻、纯棉、纯丝和纯皮为佳，但要注意的是，不能穿皮短裙上班；至于色彩，要注意“三色原则”，即全身的服饰搭配不能超出三种色调，而且最好还有一种是属于无彩色系（黑、白或灰）；款式更有一个众所周知的“TPO”原则，即以时间、地点、场合为转移。

三、女性着装与化妆要求

1. 着装

（1）服装。女士上班着装以保守为宜。时髦和个性是允许的，但不是在工作的时间。女性要想建立起自己的专业形象，衣着保守、装扮干练是很有帮助的。女士着装以套裙为宜，短袖、长袖不拘，无袖露肩则不宜。裙子不宜过短，最好是恰至膝部或膝上部。女士着装尤其避免走性感暴露路线，紧身服饰也应当避免。另外，长曳至地的拖沓衣裙也应避免。

（2）女性配件。如果你的腿不是很出色，不要穿着有花样或颜色很深的袜子来吸引别人注意，浅淡风格的最好。丝袜一定要高于裙子下摆，无论站着还是坐着都不能露出大腿来。丝袜和鞋子的颜色一定要相称，即要浅于鞋子的颜色。

（3）鞋子和手提包搭配。鞋子和手提包的颜色应该调和，黑色的手提包和鞋子是最好搭配的，可以省去一大堆其他的饰品。手提包应该擦亮，保持干净，勿破旧不堪。手提包不可以放在桌上。

（4）首饰。有时首饰会让人质疑女性的专业特性，如太大、太吵、太耀眼的首饰就不适合佩戴，因为当你甩头的时候，你的耳环可能会叮当作响，这会完全影响他人的注意力。不应该同时佩戴太多的东西，通常全身饰物不宜超过 3 件。

2. 化妆

女性化妆的原则是要注意调和，不可以太夸张，也不可以太引人注意，要让身边的人不知道你化了妆。还要注意：不要在公众场合化妆；应该去盥洗室补妆；不要在男士面前化妆；不要轻易借用他人的化妆品；慎用浓香型的化妆品。

四、男士着装要求

（1）服装以西装为主。男士上班应着装正式，即着西装，打领带，穿皮鞋。夏天可以不穿西装外套。但如有正式活动，一定要着西装外套。穿着西装还要注意与鞋袜的整体搭配。穿西装应注意以下问题：去掉袖口的标签；选用经典的两粒扣的西装为宜；在正式场合通常应当穿套装，即同质、同色、款式相同的西装。

（2）领带长短适合。领带被称为西装的“画龙点睛之处”，领带打好后的长度下端在皮带下1~1.5厘米处。正式场合，穿双排扣西装上衣，扣子永远应当扣着。穿2颗扣的单排扣西装上衣，上边那颗扣子应当扣上，下边那颗扣永远都是解开的；或上下2颗扣都解开。如是3颗扣的单排西装上衣，扣中间一个扣。领带的质地以真丝为最佳，领带的图案与色彩可各取所好。建议采用传统型的领带，比如条纹、格子。

（3）领带夹的佩戴。在室外行走，可以不用领带夹。但在正式场合，例如进餐，领带夹还是要用的。领带夹仅用于固定领带，它的正确位置在6颗衬衫扣从下朝上数第4颗扣的地方。

（4）合适的衬衫。衬衫一定要注意合身，不要穿一件肩过宽或领口过紧的衬衫，这些都会影响您的“高大”形象。衬衫的领子应高于西装衣领约1.5厘米，袖子应在西装上衣袖口之外露出1.5厘米，这样做主要是为了西装的整洁。男士一定要记得每天更换衬衫，否则会给别人留下昨晚你夜不归家的感觉。

（5）服饰。要使西装显得挺括、合身，上衣里面除去衬衫和西装背心外，不应再穿其他东西。若是太冷，可以穿一件羊毛衫，色彩宜素，图案不要太抢眼。最好是鸡心领套头衫，既便于打领带，又显得协调。西装上衣外面的口袋原则上不可以装东西，钢笔、钱包之类的东西最好放在上衣内侧的口袋或是公文包里。上衣外面左侧胸袋仅能置放装饰手帕。

（6）深色的袜子。穿深色西装时，一定要记得穿深色的袜子。白色袜子适合于运动时，既潇洒又引人注目。

五、工作场所仪态要求

微笑是人与人之间的润滑剂，要让别人感觉你平易近人，要记得微笑。你可能有这样的经验：当你心情郁闷的时候，如果你努力微笑，渐渐地，你的心情会愉快起来，而别人会感受到你的愉快。微笑能赋予别人好感，增加友善和沟通，体现热情、修养和魅力，帮助建立信任和尊重。微笑时不要露出牙齿，嘴角的两端略微提起。

同样地，如果你希望别人钦慕你的风范，渴望与你交往，你并非一定要身着名牌，谈论时尚，只要在日常生活中，将“请”“谢谢”“对不起”挂在嘴边，你就可以逐渐建立起“高大”的形象以及客户经理的号召力。一般的礼貌用语如下：

请：请进、请坐、请稍候、请多关照。

好：您好、早上好、大家好。

谢谢：谢谢光临、多谢合作。

对不起：非常抱歉、真不好意思。

劳驾：打扰了，麻烦您好吗？

六、仪态要求

(1) 站姿。俗话说“站如松”，正确的站姿是抬头、目视前方；挺胸直腰、肩平；双臂自然下垂收腹；双腿两脚分开，比肩略窄；将双手合起，放在腹前或背后。千万不要“一站三道拐”。良好的站姿给人以“玉树临风”的美好感觉。

站立等待的姿势：

双脚微分；双手握于小腹前；视线可维持较水平略高的幅度；气度安详稳定；表现出自信。站立商谈的姿势；站着与客户商谈时，两脚平行打开之间约 10 厘米；头部前后摆动时，保持平衡；双方的距离为两个手臂长。

(2) 坐姿。“坐如钟”，入座时要轻，至少要坐满椅子的 2/3，后背轻靠椅背，双膝自然并拢（男性可略分开）。身体稍向前倾，则表示尊重和谦虚。如长时间端正坐，可双腿交叉重叠，但要注意将上面的腿向回收，脚尖向下。女性入座前应先将裙摆向前收拢，两腿并拢，双腿同时向左或向右放，两手叠放于左右腿上，给人一种“坐如芍药”的美感。

坐椅子一般从椅子的左侧入座；上身不要靠着椅背；双手轻握于腿上或两手分开放于膝上；双脚的脚后跟靠拢，膝盖可分开一个拳头宽，平行放置；若是坐在较软的沙发上，应坐在沙发的前端。当客户进来时，站立起来；遵循客户的指示入座；坐着商谈的距离约为一个手臂长；避免自己的口气吹到对方；通常与较熟客户保持的距离是 70~80 厘米；与不熟悉的客户的谈话距离应保持在 100~120 厘米。

(3) 行走。“行如风”，是微风，而不是狂风，也不是台风。在办公区域行走时，切忌奔跑，有急事可以小碎步或加大步伐。

(4) 面部表情。当双方对话时，视线落在对方的鼻间，偶尔可注视对方的双目；当诚心诚意想要恳请对方时，两眼可以注视对方的双目；双目一直望着对方的眼睛也会出现过于针锋相对的情景，要注意当时的具体情景。

(5) 蹲姿。如果你在拾取低处的物件时，应保持大方、端正的蹲姿。优雅蹲姿的基本要领是：一脚在前，一脚在后，两腿向下蹲，前脚全着地，小腿基本垂直于地面；脚后跟提起，脚掌着地，臀部向下。

模拟情景 2-1

场景：证券公司营业部证券投资客户经理团队培训。

学生角色：学生三人一组，其中一人为客户，二人为客户经理。

顾客身份：一位客户（学生扮演）来到证券公司营业部或商业银行的咨询台，询问有关股票的事项。请客户经理与这位客户交谈，注意上述交谈禁忌。

情景内容：表现客户经理在与客户交流中应具备的基本礼仪。

情景设计：

客户：（走进了交易场，向客户经理走来）您好！

客户经理：（西装笔挺，彬彬有礼）您好！见到您好高兴！您请坐！（注意座位的入座方法、商谈的距离，以及视线的落点）

客户：近来股票行情的走势如何？

客户经理：据我分析……（注意说话的语气，尤其不要唾沫横飞）

模拟情景 2-2

场景：证券公司营业部、商业银行营业部。

学生角色：三人一组，其中一人为客户，二人为客户经理。

顾客身份：一位客户（由学生扮演）来到证券交易市场，请客户经理做介绍。

情景内容：客户经理接待客户礼仪。

情景设计：

客户经理 A：（向客户经理介绍〉这位是刘女士，是联想集团市场部经理。

客户经理 B：您好！刘女士。

客户经理 A：这位是我的同事李强。

客户经理 B：这是我的名片。我叫李强。（双手并拢，稍欠身递出名片，起立，面带笑容地走向前去，目视对方，和对方握手）见到您真的太高兴了！

客户经理 A：（面带微笑）我叫王勇，这是我的名片。

客户经理 A：我们今天谈的主题是……

客户经理 A：刘女士，今天我们双方交流了很多的信息，我们会尽快帮您解决您提出的问题。

客户经理 B：您还有什么问题吗？

客户：没有了，你们给我提供了很周全的服务，谢谢，再见：

客户经理 A：我们很乐意为您服务。欢迎您再来我们营业部：

客户经理 B：再见，欢迎您下次及时与我们沟通。

第五节　待人接物的常用礼节

一、礼宾次序

虽然人与人归根到底是平等的，但“凡是有人群的地方，就有左中右”，敬尊护弱是人人应遵循的守则。礼宾次序的规则有多种，如以姓氏笔画为序，以先来后到为序等，日常交往中常用的还有上级为尊、长者为尊、客人为尊、女士为尊等惯例。至于一位年长的男下级和一位年轻的女上司二者到底谁为尊，则要看在特定的场合到底是哪种关系占主导地位了。

二、介绍和称呼

（1）介绍他人。介绍是社交礼节的重要环节，这是彼此不熟悉的人们开始交往的起点，通过介绍，新的朋友结识了。介绍通常是把男士介绍给女士，年轻者介绍给年长者，位卑者介绍给位尊者，主人介绍给客人，未婚者介绍给已婚者，这是因为位尊者有先了解情况的权利，也就是知情权。当然介绍前首先要了解被介绍的双方是否有结识的愿望。当被介绍者拥有许多身份时，只需介绍跟当下场合相关的身份即可。在介绍时，可以提供一些有利于他们更快认识的信息，比如两位都是江西人，就可以把老乡关系突出，以便他们能尽快找到共同话题。

（2）称呼。一般称男性为先生，称女性为小姐、夫人及女士，即为称呼国际惯例。按照中国的习俗，称呼带头衔更合适。在不同的场合，总有一个客户最乐于接受、他人也可能认为的最佳称呼，如果客户经理能善用这个称呼，可能会事半功倍。

（3）自我介绍。在自我介绍时，一般要把自己的姓名、供职单位或部门、职务或职能范围介绍清楚。

三、点头礼和鞠躬礼

（1）点头礼。微微地点头，以对人表示礼貌。适用于比较随便的场合，如在路上行走或是在公共场所与熟人相遇，无须驻足长谈时，可行点头礼。还可以随之说些问候话。

与相识者在同一场合多次见面，只点头致意即可。对只有一面之交的朋友或不相识者在社交场合均可点头或微笑致意。

（2）鞠躬礼。我们都知道日本人是最喜欢鞠躬的，见面和分手都要鞠躬。另外我们经常在电视剧中看到这样的镜头，古代的官员们在退朝时，也要面对君王行鞠躬礼。鞠躬也是表达敬意、尊重、感谢的常用礼节。鞠躬时应从心底发出对对方表示感谢、尊重的意念，从而体现于行动，给对方留下诚恳、真实的印象。

四、握手

（1）握手的要领。握手时要面带真挚的笑容，迎上客户的同时伸出自己的手，握手应保持站立姿，身体前趋，右臂向前伸出，与身体略呈五六十度的角度，手掌心微向左上，拇指前指，其余四指自然并拢，注视客户的眼睛。握手需要握实，摇动的幅度不要太大，时间以客户松手的感觉为准。如果关系亲密，场面隆重，双方的手握住后应上下微摇几下，以表现出热情。

（2）握手的禁忌。

· 贸然伸手。遇到上级、长者、贵宾、女士时，自己先伸出手是失礼的。

· 目光游移。握手时精神不集中，四处顾盼，心不在焉，是无礼的。

· 长时间不放手。特别是男士握着女士的手时，如果长时间不放手，会让女士很难为情。

· 交叉握手。当他人正握手时，跑上去与正握手的人相握，是失礼的。

· 敷衍了事。握着对方两个手指头握手，漫不经心地应酬对方。

· 握手用力摇晃。

五、名片的使用方法

名片是重要的社交工具之一。交换名片时也应注意礼节。使用的名片主要包含两个内容：一是标明你所在的单位；二是标明你的职务、姓名及承担的责任。总之，名片是自己（或公司）的一种表现形式。因此，客户经理在使用名片时要格外注意。

（1）名片的准备。

· 名片一般都放在衬衫的左侧口袋或西服的内侧口袋，也可以放在随行包的外侧，避免放在裤子的口袋。出门前要注意检查名片是否带足，递交名片时注意将手指并拢，大拇指夹着名片以向上弧线的方式递送到对方胸前。拿取名片时要用双手去拿，拿到名片时轻轻念出对方的名字，以让对方确认无误。拿到名片后，仔细记下并放到名片夹的上端夹内。同时交换名片时，可以右手递交名片，左手接拿对方名片。

·名片不要和钱包、笔记本等放在一起，原则上应该使用名片夹。

·名片可放在上衣口袋（但不可放在裤兜里）

·要保持名片或名片夹的清洁、平整。

（2）接受名片。

·必须起身接受名片，应面带微笑，使用双手并稍稍欠身，以示尊重。

·接受名片时要说“谢谢”并一定要看一遍，使对方感到你对他的名片感兴趣。

·应用双手接收。

·接收的名片不要在上面做标记或写字。

·接收的名片不可来回摆弄。

·接收名片时，要认真地看一遍或念一遍，特别是碰到生字、难字，一定要向对方请教。

·不要将对方的名片遗忘在座位上，或存放时不注意落在地上。

·名片应妥善放好，不要在名片上写东西，不要往名片上压东西。

（3）递名片。名片的次序是由下级或访问方先递名片，如是介绍时，应由先被介绍方先递名片。

·名片夹最好使用品质优良的名片夹，能落落大方地取出名片。

·递名片时，应说些“请多关照”“请多指教”之类的寒暄语。

·互换名片时，应用右手拿着自己的名片，用左手接对方的名片后，用双手托住。

·互换名片时，也要看一遍对方职务、姓名等。

·在会议室如遇到多数人相互交换名片时，可按对方座次排列名片。

·会谈中，应称呼对方的职务、职称。无职务、职称时，称小姐、先生等。

·当其他人向你索要名片，若自己没有准备或不愿交换，可以这样说“对不起，我的名片用完了”或“对不起，我忘带了”。

·出示名片时可以说：“这是我的名片，今后如果有问题，尽管打电话给我。”

·如果你想向一位长期客户出示名片，你可以说“你有我的名片吗”或“我一直想给你一张名片”等。

六、其他

（1）引路。在为客人引导时，应走在客人的左前方两至三步前，让客人走在路中间。要与客人保持步伐一致，适当做些介绍。这样做是遵循两个原则：一是以右为尊，二是把安全留给客人（因为中国基本是车辆靠右行驶）。

在楼梯间引路时，让客人走在右侧，引路人走在左侧，拐弯或有楼梯台阶的地方应使用手势，提醒客人这边请或注意楼梯：

（2）开门。向外开门时，先敲门，打开门后把住门把手，站在门旁，对客人说“请进”并施礼：进入房间后，用右手将门轻轻关上，请客人入座。向内开门时，敲门后，自己先进入房间，侧身，把住门把手，对客户说“请进”并施礼。轻轻关上门后，请客人入座。

预约客人来访时，应提前做好接待的准备工作，提前几分钟在约定地点等候。客人来到时应主动迎上去表示欢迎之情，初次见面的还应主动做自我介绍，并行领客人至接待处。安置好客人后，奉上茶水或饮料，再进入正式的会谈。

临时来访的客人造访时，也应以礼相待。若确实因工作太忙抽不开身时，应大方地向客人说明原因，表示歉意，主动地与客人另约时间，千万不可吞吞吐吐或频频看表来显示送客的心情。

（3）奉茶。客人就座后应快速上茶，上茶时要注意不要把有缺口和裂缝的茶碗拿出来使用，使用一次性杯具最好：太烫和太凉的茶水都起不到招待的作用，只会引起来客的不快，茶水合适的温度为 70 度，浓淡适中。俗话说“茶满七分，酒满杯”，因此给客人倒茶时只要七分满就行了。

同样地，来客中应从身份高的开始沏茶，如不明对方身份，则应从上席者处开始沏，在客人处还未沏完时，不要给本公司的人沏茶。

（4）送客。送客时应主动为客人开门，待客人走出后，你再随后出来。送客千里，终有一别，你可在适当的地点与客人握别，如电梯口、大门口、停车场或公共交通停车点等，一定要送客人到公司门口。若是远道而来的贵宾，应送客至车站、机场、轮船码头。送客人要等客人消失在视线之外，才打道回府，否则会很失礼。

模拟情景 2-3

场景：证券公司营业部或是与客户约见的其他地方。

学生角色：两人一组，其中 1 人为客户，另 1 人为客户经理。

顾客身份：一位年龄为 38 岁的女士，来到证券交易市场，询问有关股票行情的事项。请客户经理两人一组，在介绍后礼貌地递上名片。

情景内容：客户经理与客户交换名片礼仪。

情景对话设计：

客户经理：您好！见到您很高兴！

客户：您好！我想问一下，最近有哪些股市的行情好一些？

客户经理：上海股市的要好一些，还有……

客户：好的，非常感谢，我明白了。

客户经理：不用客气，这是我应该做的。（面带微笑，双手出示名片）对了，您有我的名片吗？这是我的名片，今后如果有问题，尽管打电话给我。

客户：谢谢，噢，您就在大同啊，云冈石窟就在那里，是吗？

客户经理：是的，有机会的话，欢迎您来大同。如果方便的话，是否可以给我一张您的名片？

客户：对不起，我忘带了。

客户经理：没关系。

客户：不过，我会打电话和你联系的。

客户经理：谢谢，接到您的电话我会很高兴。

客户：好了，我还有点事，今天就聊到这儿，再见！

客户经理：您走好，再见！

七、赠送礼品的技巧

客户经理在业务交往中，为了联络感情或表达谢意，往往要赠送一些礼品，具体的环节如表 2-6 所示。

表 2-6　　赠送礼品的技巧

赠送礼品前应考虑的事项	公司或部门有关赠送礼品的政策或惯例以及对方的基本情况、送礼的客观环境；谈判中送礼品会被人误解为行贿；附带条件的送礼是不礼貌的，而且会带来不良的效果；受礼人的喜好如品味、爱好、兴趣、生日等；礼品的价值；礼品的类型，礼品的选择要符合当地的风俗、习惯或对方的喜好；彼此的关系
	赠送礼品的理由
	赠送礼品的时机，可选择个人事件如生日、提升等
	赠送礼品的场合，可选择家庭场合、私人场合、公司场合、节日场合等
赠送礼品的方式	面送、托他人转送、通过邮寄方式寄送
礼仪卡的赠送	礼仪卡的赠送应及时，否则就失去意义 受卡人的姓名、称呼要正确 礼仪卡上的附言要本人书写并签名

模拟情景 2-4

场景：证券公司营业部。

学生角色：两人一组，其中 1 人为客户，另 1 人为客户经理。

顾客身份：职业为商业服务行业职员，40 岁的女士，对证券市场基础知识了解甚多，而且是客户经理的老客户。

情景对话设计：

客户：您好！

客户经理：您好！见到您很高兴，听说您要升为主管了，是吗？

客户：是的，下周正式接任。

客户经理：恭喜您！为了向您表示祝贺，我特意准备了一份小礼物送给您，希望您能喜欢。

客户：你可真客气，谢谢，这卡好漂亮啊。

客户经理：您能喜欢我就很高兴了。

客户：跟你合作真是愉快，我们聊聊市场行情吧。

客户经理：好的。您是股票投资的老行家了，现在的市场行情您怎么看呢？

第六节　聆听的礼仪

聆听是与人交流沟通的渠道和桥梁，聆听的礼仪规范对证券投资客户经理而言是十分重要的。

（1）头脑清醒。倾听要全神贯注。你只是在听，不要想任何其他事情，也不要怀着企图。不要一边听一边想要回的话或是要问的问题，而是将心、脑腾出来装客户的说话内容，否则就听不到隐藏在客户声音中的真实想法了。

（2）专注地听。倾听是要同时眼到、口到、心到，眼睛注视着对方，不断地点头来回应对方的话，心要摆在当下，不要有杂念进来，否则就没礼貌了。保持目光接触，仔细听清对方所说的话，不要三心二意。

（3）心情放松。倾听时只有认同与接纳对方的意见，要让对方说得够、说得爽，不加入自己的意见（除非客户真的想听你的意见），因为你是来跟他谈投资的事情，不是来谈政治，也不是来谈孩子的教育问题，更不是来帮客户算命的，你真正要表达的只是你建议他买你的产品或服务而已，不是吗？

（4）不插话、不抢话。如果客户经理跟客户抢话说，客户也会抢话说。不让客户把话说完，他是绝不可能静下心来听客户经理谈投资的。

（5）察言观色。客户经理在聆听的同时，还要注意观察。例如，谈话时的表情，兴奋或是沮丧；身体的姿势，紧张还是放松，传递语言以外的其他信息。客户经理若将表述者的言与行结合在一起做分析，将有助于理解其真实想法，进而赢得交易的机会，取得成功。

第三章　证券投资客户管理实训篇

■**本章简介**

证券投资客户管理是以客户为中心，以客户关怀理念为经营基点的管理机制。客户管理的关键是提高客户的满意度和忠诚度，也就是了解客户需求，准确定位价值客户，适时地为客户提供最优产品和完善的个性化服务，努力改善与客户之间的关系。

■**学习目标**

1. 掌握证券投资客户管理的流程。
2. 掌握证券客户分类管理的方法。
3. 掌握客户服务管理的流程。
4. 培养证券投资客户经理的客户价值分析能力、分类管理能力。

第一节　证券投资客户管理流程

一、证券投资客户管理的目标

证券投资客户管理是以客户为中心，以客户关怀理念为经营基点的管理机制。客户管理的关键是提高客户的满意度和忠诚度，也就是了解客户需求，准确定位价值客户，适时地为客户提供最优产品和完善的个性化服务，努力改善与客户之间的关系。

了解客户管理的目标及实现的途径，对经纪人而言至关重要。其具体内容如表 3-1 所示。

表 3-1 客户管理的目标及实现途径

目标	实现途径
降低公司经营成本，提高工作效率	整合、管理公司内外部资源，加速公司对客户的响应速度
吸引更多的客户	选择目标客户，进行客户分级管理
有效处理客户关系	深入挖掘客户需求，及时了解客户状况
主动提供客户关怀和“一对一”精细化、个性化服务	改善客户服务
为公司的决策提供科学的支持，推动经纪业务和客户价值实现双赢	规范公司管理，提供实时行情

二、证券投资客户管理流程

围绕客户这个核心，在客户管理中，经过识别和区分客户、分析客户差异、接触与开发客户、定制个性化服务的过程，形成工作闭环。从“有意识”逐步过渡到“无意识”，达到熟能生巧的境界。客户管理流程提供了客户管理实施过程中的关键要素及操作要点。

（一）识别客户

识别客户就是在广泛的客户群体中，通过各种客户互动途径，来收集详尽的数据资料，进而识别客户的行为特征。那么，如何才能识别客户呢？

（1）从了解客户信息的基本类型做起。具体如表 3-2 所示：

表 3-2 客户信息类型表

信息基本类型	描述类信息	行为类信息	关联类信息
信息特征	理解客户基本属性	数据往往是动态的	与客户行为相关
	往往是静态数据	反映客户的投资选择或是决策过程	反映和影响客户行为以及心理等因素
信息来源	客户登记的信息	内部交易系统的交易记录	专门的数据调研和采集获得
	专业会议	呼叫中心的客户服务和客户接触记录	
	调研	营销活动中采集到的客户响应数据	应用复杂的客户关联分析所产生
	运营管理系统收集到的客户基本信息	经纪人与客户接触时收集到的数据	
信息优点	信息内容比较容易采集到	能帮助经纪人在客户分析中掌握和理解客户的行为	对高端客户来说，可以有效反映客户的行为倾向 可帮助经纪人深入理解影响客户行为的相关因素
信息缺点	缺乏差异性	原始信息数据量非常庞大	数据较难采集和获得
	涉及客户隐私	客户分析复杂、烦琐	不容易结构化后导入到业务应用系统和客户分析系统

表3-2(续)

信息基本类型	描述类信息	行为类信息	关联类信息
信息质量评价	考察数据采集的准确性	考察信息的完备性	考察信息的应用性

（2）对客户资源进行整合。具体如表 3-3 所示。

表 3-3　　客户资源整合与分析

操作规则	具体内容	
审视现有数据，确立客户资料的正确性及可信度标准	确定一系列能够准确反映客户资料的客观指标，作为客户资料取舍的依据筛选及证实客户资料，删除不准确或无效的资料；归并、整理、集中各系统客户，形成基于统一客户数据的全信息视图，保证数据动态更新，支持不同时期的分析需求	
分析客户信息	客户群分析	根据特定条件来查询各个细分的客户群落，找到各个可能的分类和“二八法则”的表现；知道真正为自己带来利润的客户是谁；决定对客户群进行的相应营销过程
	客户交易风险分析	分析客户基本信息、账户情况、持仓比例、资产；客户个性信息分析结构和持股品种；根据客户的实时情况得到客户的真实个性信息
	客户交易风险分析	根据客户现有信息，有效防止客户的交易风险；根据风险情况，帮助客户摆脱和规避风险
	客户交易习惯、行为和需求分析	从客户过去的交易信息挖掘客户的交易习惯；从客户过去的交易信息总结风险偏好；从客户过去的交易信息了解交易行为特征；从客户过去的交易信息分析客户需要和未来发展
	客户价值分析	客户收益分析；客户类型分析；客户风险分析；客户对券商的价值分析；根据客户的交易行为来实时地判断客户将为营业部带来的收入和价值，比如佣金收入、息差收入等
	客户流失预警分析	机构客户一般都是从另外的券商手中抢过来的，营业部都在防止自己手中有价值的客户流失；根据自己设定的客户流失模型来预警客户是否要流失 看见的流失迹象一：突然抽走资金 看见的流失迹象二：长时间没有交易 看见的流失迹象三：大量资金被套
	服务效果分析	根据访谈结果和客户满意度的调查，记录和分析整体的服务效果
	股票品种综合分析	分析本券商或者营业部的持股情况，总结特定客户群中持有股票的情况采取相应措施

表3-3（续）

<table>
<tr><th>操作规则</th><th colspan="2">具体内容</th></tr>
<tr><td rowspan="7">分析客户信息</td><td>客户群咨询效果分析</td><td>分析客户群现有持有股票的情况
分析客户群历史持有股票的情况
分析已经做了的咨询情况
判断投资咨询师的咨询效果
根据分析采取下一步行动</td></tr>
<tr><td>客户咨询效果分析</td><td>判断特定的客户现有的资产结构和持仓机构，分析历史情况和对他的个性化咨询结果
判断客户有没有采纳咨询师的建议</td></tr>
<tr><td>经营状况分析</td><td>分析所有客户为券商或营业部的贡献情况，为公司领导提供整体经营状况分析结果</td></tr>
<tr><td>赢利中心分析</td><td>分析出各个特定市场的受益情况，弄清楚哪个或哪些特定客户是营业部的赢利中心</td></tr>
<tr><td>亏损中心分析</td><td>分析营业部所提供的服务情况，判断哪些服务是投入最大而赢利最小的亏损中心</td></tr>
<tr><td>其他分析</td><td>采用数据挖掘和分析手段，分析券商决策者所关心的数据结果和决策支持</td></tr>
</table>

（3）不同类型客户行为特征。通过对客户信息的整合与分析，掌握客户的行为特征，并根据客户行为特征，对不同目标客户设计不同产品和服务组合，制定不同的营销策略。具体如表3-4至表3-7所示。

表3-4　　分析型客户行为特征及策略表

<table>
<tr><td rowspan="18">分析型投资者：注重过程</td><th colspan="2">客户特点</th><th colspan="2">客户经理了解及应对方法和策略</th></tr>
<tr><td rowspan="5">身体语言</td><td>穿着传统保守</td><td rowspan="5">了解客户希望</td><td rowspan="2">较大的投资收益</td></tr>
<tr><td>讲话声音低，说话留有余地</td></tr>
<tr><td>行动慢，决策谨慎</td><td rowspan="3">被尊重和重视的满足感</td></tr>
<tr><td>眼神接触游移不定，手势不多</td></tr>
<tr><td>喜欢个人独享的空间</td></tr>
<tr><td rowspan="12">个性特征</td><td rowspan="5">有逻辑、理性、严谨、周密，较敏感，目标明确</td><td rowspan="5">经纪人的行为举止及相应策略</td><td>身着黑色或传统服装，放慢讲话速度</td></tr>
<tr><td>陈述有条理，有逻辑，合乎规范；提供直接数据和证明</td></tr>
<tr><td>把问题正反两面都陈述清楚，强调正确、具体细致的细节</td></tr>
<tr><td>不要催促客户做出决定</td></tr>
<tr><td>不过分热心，不要盛气凌人</td></tr>
<tr><td rowspan="4">喜欢问关于具体细节的问题，决策时非常依赖数据收集，看重历史</td><td rowspan="4">了解客户需要</td><td>稳健的收益</td></tr>
<tr><td>标准的服务</td></tr>
<tr><td>可靠的交易方式</td></tr>
<tr><td>不改变自己已经决定的东西</td></tr>
<tr><td>工作速度慢，喜欢单干</td><td rowspan="3">了解客户弱点</td><td>优柔寡断，谨小慎微，经纪人不要急于让其做出判断</td></tr>
<tr><td>喜欢规则和结构</td><td>行为拘谨，过分严肃</td></tr>
<tr><td>反复比较，追求完美，善于批判性的思考</td><td>不能忍受被人批评</td></tr>
</table>

表 3-5　　　　　　　　　主观型投资者行为特征及策略表

<table>
<tr><td rowspan="13">主观型投资者：注重结果</td><td colspan="2">客户特点</td><td colspan="2">客户经理了解客户及应对方法和策略</td></tr>
<tr><td rowspan="2">身体语言</td><td>握手坚强有力，显示出控制力</td><td rowspan="2">了解客户希望</td><td>很大的投资收益</td></tr>
<tr><td>讲话快，声音高</td><td>得到尊重的自我满足感</td></tr>
<tr><td rowspan="12">个性特征</td><td rowspan="3">好胜心强，富有竞争性；渴望变化，愿意接受挑战</td><td rowspan="6">经纪人的行为举止及相应策略</td><td>事先充分准备，介绍言简意赅，注重效率</td></tr>
<tr><td>提供两到三种方案，有客户选择</td></tr>
<tr><td>要让客户知道可能产生的结果</td></tr>
<tr><td>根据事实来做决定，精明，冷峻和独立</td><td>给对方一个明确的时间</td></tr>
<tr><td>务实，果断，自信</td><td>做事要有专业水准，经验老到</td></tr>
<tr><td>不能容忍错误</td><td>回答客户问题直截了当，自信果断</td></tr>
<tr><td rowspan="3">说话开门见山</td><td rowspan="3">了解客户需要</td><td>尊重他</td></tr>
<tr><td>为他节省时间和精力</td></tr>
<tr><td>认同他的社会地位</td></tr>
<tr><td>不考虑别人的感受或建议</td><td rowspan="3">了解客户弱点</td><td>莽撞行事，不计后果</td></tr>
<tr><td rowspan="2">直接告诉别人做什么</td><td>缺乏耐心</td></tr>
<tr><td>对他人缺乏信任</td></tr>
</table>

表 3-6　　　　　　　　　情感型投资者行为特征及策略表

<table>
<tr><td rowspan="15">情感型投资者：注重对象</td><td colspan="2">客户特点</td><td colspan="2">客户经理了解客户及应对方法和策略</td></tr>
<tr><td rowspan="7">身体语言</td><td rowspan="3">穿着时尚、有风度</td><td rowspan="2">了解客户希望</td><td>较大的投资收益</td></tr>
<tr><td>获得成功</td></tr>
<tr><td rowspan="5">经纪人的行为举止及相应策略</td><td>身着时尚衣着，讲话有力，表情要丰富</td></tr>
<tr><td>讲话快，声音大，表情丰富，表现力强</td><td>提供的建议要合情合理，有成效</td></tr>
<tr><td>急躁，时间观念差</td><td>加快工作节奏</td></tr>
<tr><td>目光接触沉着稳定，思想活跃</td><td>提出事实依据</td></tr>
<tr><td>忙乱、热情、友好</td><td>支持他的结论或提出一套完整的看法，使他另做选择</td></tr>
<tr><td rowspan="7">个性特征</td><td rowspan="3">情绪自控性强</td><td rowspan="4">了解客户需要</td><td>关注结果是什么</td></tr>
<tr><td>服务的标准</td></tr>
<tr><td>交易方式的可靠性</td></tr>
<tr><td>高度自信</td><td>获取收益的多少</td></tr>
<tr><td>既愿意展示自己，又能控制支配别人</td><td rowspan="3">了解客户弱点</td><td>急躁、冲动</td></tr>
<tr><td>注重关系和谐</td><td rowspan="2">时间观念差</td></tr>
<tr><td>看大局</td></tr>
</table>

表 3-7　　**随和型投资者行为特征及策略表**

<table>
<tr><th></th><th colspan="2">客户特点</th><th colspan="2">客户经理了解客户及应对方法和策略</th></tr>
<tr><td rowspan="12">随和型投资者：注重关系</td><td rowspan="7">身体语言</td><td rowspan="4">讲话速度慢，声音低，行动缓慢、拘谨</td><td rowspan="2">了解客户希望</td><td>建立稳固的关系</td></tr>
<tr><td>关系和谐、愉快，其投资能获得较大的收益</td></tr>
<tr><td rowspan="5">经纪人的行为举止及相应策略</td><td>从建立关系入手</td></tr>
<tr><td>有耐心、花时间，听对方讲他的感觉和别的事情</td></tr>
<tr><td>低自信度</td><td>积极地倾听</td></tr>
<tr><td rowspan="2">善于倾听</td><td>在舒适的环境中进行</td></tr>
<tr><td>回答客户问题直截了当，自信果断</td></tr>
<tr><td rowspan="5">个性特征</td><td rowspan="3">绪自控性差、决断力差</td><td rowspan="3">了解客户需要</td><td>关注关系</td></tr>
<tr><td>注重友谊</td></tr>
<tr><td>重视彼此关系的协调</td></tr>
<tr><td rowspan="2">不愿意展示自己</td><td rowspan="2">了解客户弱点</td><td>屈服、默许</td></tr>
<tr><td>害怕拒绝和他人的批评</td></tr>
</table>

实训练习 1

目的：让证券投资经纪人明确客户管理的目标，并掌握实现目标的途径。

规则与要求：

（1）学生以客户经理的身份，写一份自己对客户进行管理的目标计划书。

（2）要求写出实现目标的具体实施方案。

（3）抽取几名同学以演讲的形式在教室发言，阐明自己目标确立的依据和实现目标所采用方法的可行性。

（4）其他同学做记录，对发言同学进行提问。

场景：在实训室模拟证券公司营业部。

客户身份：由学生自行假设。

评价：根据各小组设计的客户管理目标与策略的可行性，由教师做出指导性的评价。

实训过程：

实训总结和心得体会：

实训练习 2

目的：通过专业记忆训练，学会记住客户、客户资料。

规则与要求：学生分成四个小组，给每个组提供 10 至 20 张名片用以记忆。每个人用 2 分钟的时间尽可能记住客户的姓名、职务、工作单位等基本信息，然后讨论如何在较短时间内记忆客户资料。

评价：由教师对学生记住的名片数量及其中基本信息的准确性进行评价。

实训过程：

实训总结和心得体会：

（二）分析客户差异

开发客户之前，客户经理要先对客户的差异进行了解，而不是“一视同仁”地无差别对待。因为无论老客户还是新客户，大客户还是小客户，他们对经纪人的服务要求往往不同，带来的利润也不一样，那么就有必要对客户的需求模式和赢利价值进行分析，掌握其优劣势的基本信息，然后进行有针对性的开发，以优质服务扩大优势，缩小劣势，把产业做大、做好。客户证券投资差异的分析如表 3-8 所示。

表 3-8　　客户证券投资差异分析表

差异类型	差异表现	说明
资源差异	客户的流动资产率不同	客户买单的现金实力往往不同，要认真分析
	客户的净利润率不同	这个可以衡量整个公司的收益状况
	客户的资产回报率不同	比较客户的投资与收益，病用来评估客户公司的管理水平
	回款周期不同	可衡量出客户公司内部的现金是用来偿还贷款还是作为流动资金来使用
	存货周期不同	可以衡量出客户的销售能力活实际使用量，还可以看出其现金流动的速度

表3-8(续)

差异类型	差异表现	说明
收益率差异	购买数量不同	购买数量对收益率有较大的影响，要重视
选择障碍差异	对股票知识了解的差异	一个人是否会入市往往取决于其对股票了解得多少
	对股市的敏感度	影响客户赢利率，进而影响到经纪人的服务方式等
	过往的经验	经验对客户行为的影响重大，要重视
议价能力差异	个人购买者	相对好把握，但要注意具体问题具体分析
	集团购买者	要花点心思，但关系重大，要把握好

（三）接触客户

经纪人需要和客户保持良好的接触，以了解客户不断变化的需求。通过接触客户，除了可以了解客户过去的交易行为之外，还能够预测客户未来的投资行为，这将为分析其潜在需求提供依据，从而更好地面对竞争，所以经纪人要长期保持与客户的联系，经常与客户交流，征求客户的意见。

（1）找准并优化客户接触点。就证券业务来说，通常有以下几个接触点，如图 3-1所示。

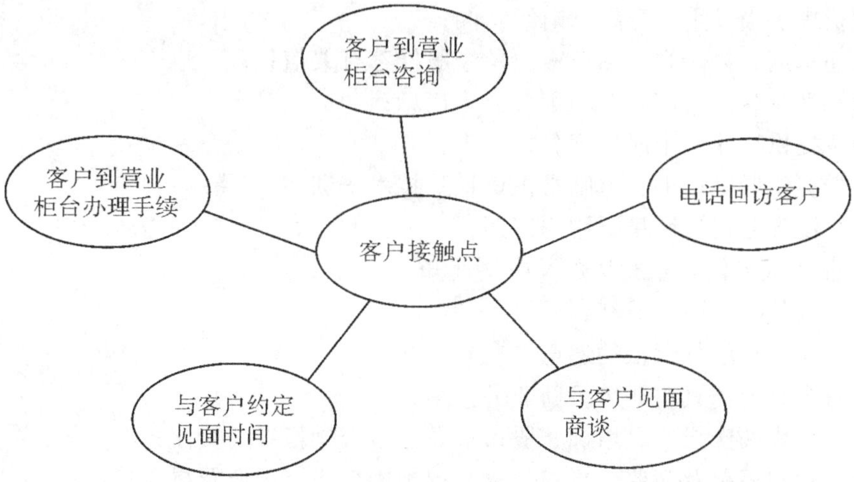

图 3-1　客户接触点构成

（2）接触客户。初步接触；了解客户，挖掘明确需求；证明能力，解决异议；总结利益，得到承诺。

（四）了解客户，挖掘明确需求

几乎所有的交易都是通过提问的方式来了解客户的，在所有经验技巧中，了解客户并能挖掘明确需求的提问技巧在与客户的会谈中是至关重要的，具体如表 3-9 所示。

表 3-9　　了解客户并挖掘明确需求的提问技巧及其目的表

提问技巧	目的
问背景问题	找出客户现状的事实，你可以事先做好准备工作，去除不必要的问题

表3-9(续)

提问技巧	目的
问难点问题	找出客户现在所面临的困难和不满，此时要以解决客户难题为导向，而不是以服务做导向
问暗示问题	找出客户现在所面临的困难和不满，注意问这样的问题之前，请先策划好，否则会让客户觉得生硬
问利益问题	让客户深刻地认识到并说出我们提供的服务能帮他或她做点什么。这些提问对客户要有帮助，提议要有建设性，并一定要让客户亲口告诉你，他或她需要提供什么程度服务

（五）个性化服务与方法

证券投资经纪人需要针对不同客户设计不同的服务模式，适应客户的需求，真正实现“一对一”的最佳服务，将赢利客户发展为忠实客户，构成自己事业持续发展的基础。一般而言，经纪人提供的常见个性化服务有如下几点：

（1）一般服务。发送 E-mail、传真，温馨提示，新股中签、缴款等信息；场内标准提供各种咨询、广播股评、股评资料；场内交易软件和咨询软件的使用培训。

（2）会员服务（市值在××万元以上）。

（3）投资咨询服务。

·免费提供当日重要金融、财经新闻；

·传递每周大势研究、热点板块及个股推荐有关信息；

·通知涉及客户持有股票的重要公告信息；

·免费提供行业、个股深度分析报告；

·免费提供股民培训、电脑常识培训等技术培训；

·享受证券公司电话集团用户待遇。

（4）业务服务代办新股认购及中签通知。

·通知并代办配股、分红；

·客户支票存取款存根的递送；

·每月电邮或传真对账单，新业务介绍；

·每月至少两次投资者培训、股市沙龙、投资操指导与交流；

·月度账户情况及简要分析报告，并提出中期投资组合及操作建议；

·专人负责网上交易设备和交易软件维护与使用指导，上门为会员解决问题；

·接受会员客户委托办理的合理事务。

（六）建立客户信息数据库

建立客户信息数据库的目的是便于客户经理对客户的管理。客户信息数据库是客户信息系统的基础，具体如表 3-10 所示。

表 3-10　　客户信息数据库的内容

客户信息数据库的项目	所含基本内容
基础资料	客户最原始的基本情况资料

表3-10(续)

客户信息数据库的项目	所含基本内容
客户特征 业务状况	服务区域 发展潜力 客户所在单位经营管理者及业务人员素质 客户与其他竞争者的关系 客户与企业业务关系及合作态度
交易现状	存在问题 声誉 信用状况

（七）填写客户卡

客户基本信息卡如表 3-11 所示。

表 3-11　　　　客户基本信息卡

服务人		日期	
姓名		籍贯	
生日		性别	
办公电话		客户 基本情况	
手机			
宅电			
传真		客户 地址	
客户投递信箱地址		邮编	
E-mail 地址			
备注		时间	
客户反馈 信息记录			
客户经理 对客户评语			

实训练习 3

目的：掌握个性化服务的方法。

规则与要求：

（1）要求学生以小组为单位，事先准备好每周大势研究、热点板块及个股推荐的有关信息、最新金融要闻，涉及客户持有股票的重要公告信息。

（2）在 10 分钟的时间内尽可能多地记住与证券投资相关的新闻，然后向同组的同学复述。

（3）最后模拟客户经理向几名客户提供相关信息咨询方面的服务，及特别提示涉及客户持有股票的重要公告。

客户身份：在本证券营业部做投资 5 年以上，资金量大，交易频繁，属于证券公司的忠诚客户。

评价：由教师根据每组学生记住的信息的数量、重点以及与客户沟通信息的表现进行评价。

实训过程：

实训总结和心得体会：

第二节　证券投资客户分类管理

一、潜在客户管理

（一）寻找潜在客户的途径

经纪人在正式寻找客户前，可以借助表 3-12 中所列的途径做准备工作。

表 3-12　　　　寻找客户的途径

<table>
<tr><th>途径</th><th colspan="2">描述</th></tr>
<tr><td>到当地行业协会</td><td colspan="2">基本上每个行业都有自己的行业协会，虽然行业协会往往是民间组织，但恐怕没有人能比行业协会更了解行业内的情况了，证券业也不例外。
如果你的潜在客户恰好是某个协会的成员，能得到协会的帮助是你直接接触到潜在客户的有效方法</td></tr>
<tr><td>到专业信息公司</td><td colspan="2">一些专业信息公司能提供详细的信息，且信息每天更新，这可以为经纪人节约大量时间
这里的问题是要向信息公司付一些费用，但记住：时间就是金钱，就总体成本而言还是合算的</td></tr>
<tr><td>在网上搜索</td><td colspan="2">现代社会已越来越离不开网络，它的普及使得我们在网上搜索潜在客户变得十分方便
只要熟悉常见的搜索引擎，动手输入几个关键词，你就有可能获得客户名单、联系方法，甚至更多的详细、有用的信息</td></tr>
<tr><td>到大型专业市场</td><td colspan="2">比如股票交易市场，你往往不仅能见到当地几乎所有同行，而且还能实地观察他们的实际状况，做到“知己知彼”</td></tr>
<tr><td>请现有客户推荐</td><td colspan="2">也许同行有时候真的是“冤家”，若同是经纪人未必会告诉你实话
客户当中往往有在行业内跌爬滚打了若干年的人了，哪个地区谁是龙头老大，他们可是比谁都要清楚
通常情况下，相互没有竞争的不同区域的客户给你的信息可能极有价值，如果你有这样一个习惯：每次拜访客户后不管成功与否都顺便问一句“能否给我推荐一个客户”，相信对你会大有好处</td></tr>
<tr><td>争取竞争对手的客户</td><td>有些时候，生活就是这样：你想要找的客户不知在何方，竞争对手的客户却天天在你面前晃
可惜的是，好多经纪人认为竞争对手的客户不是其潜在客户，原因是他们认为客户与原来经纪人长期建立起来的关系壁垒是坚不可摧的
明确事实并非这样，只要你努力，或许在某一天他就转而成了你的客户</td><td>应对策略：分析你与竞争对手的优势与劣势

明智的做法是：马上了解该客户的需求特点

可用方法：将你的优势与客户的需求相联系，机会往往就在这里找到</td></tr>
<tr><td>政府机构相关部门</td><td colspan="2">如果你的潜在客户需要获得政府机构有关方面资格认证，那他或她的信息往往就可以在公开的政府网站上获得</td></tr>
</table>

（二）潜在客户的类型分析

经纪人在了解了需要做的准备工作以后，就要明确潜在客户的类型了，这会有助于潜在客户的寻找，尤其有利于辨析与潜在客户接触时应采用什么样的方法，进而扩大业务，这一点很关键。事实上，与潜在客户面对面交谈的过程，是一种战术与战略的发挥机会。在谈话过程中，经纪人要善于察言观色，善于分析研究，从中捕捉客户的心理变化，迅速为客户做一次类型分析，从而选出较合适的对策。具体如表 3-13 所示。

表 3-13　　潜在客户类型与对策

客户类型	表现	对策
小心谨慎型	对别人的话多疑问	争取把话题岔开 不要与对方形成对立 等客户再也想不出问题可以发问时，即表示成交的时机到了
	购买欲多波动，将你与其他经纪人对比	要了解对方的心理 注意倾听，表现出尊重的样子 努力使他主动做出成交的决定
自命不凡型	以自我为中心	用幽默感，多赞美的方法，迎合其自尊心
	行事果断	交谈中，语调要冷静沉着
	凡事表现出很懂的样子，用不以为然的神情对待你	经常性地提出一些小问题 让客户发表个人看法 使其觉得自己立场主动 再找时机慢慢把话题引到你的主题上来
八面玲珑型	爱交朋友	尽早提及你的意图，观察对方是否有诚意
	性格开朗，能说会道	在解说自己的基本情况时，动作可以适当地大些 手势也可以多一点，使对方很有兴趣听你讲 当他觉得你提供的服务对其有帮助时，就有可能从此成为你的客户
深藏不露型	相对冷淡冷，似乎不爱说话	向其展示股票的优点，努力使其领会要义
	不轻易显露其想法	使他对股票业务产生兴趣，进而成为你的客户
理智好辩型	喜欢跟人唱反调	你的态度要相当谦逊友好
	喜欢谈理论	在谈话中，你不必多讲，但必须准确针对他的需求
	情绪感染的效果较差	先承认对方说的有道理，并多倾听，以博取好感 对方在你面前自觉有优越感，又了解你提供服务的好处时，通常也会接受你，进而成为你的新客户
来去匆匆型	爱说忙	夸赞他是个活得充实的人，直接告诉他你所提供服务的好处
	交谈时间非常有限	针对他的需求解说即可，抓住重点不必拐弯抹角 鼓动他用你做经纪人，只要他信任你，这类型客户办事效率高，会很快同意
脾气暴躁型	耐心特别差，尤其对自己不满意的事	保持轻松愉快的心情。
	喜欢侮辱或教训别人，常常毫无道理地暴跳如雷	不宜与其争执与反驳，而应用自己的真诚与宽容化解客户的不愉悦
犹豫不决型	兴趣时高时低	要从多方面做思想工作，打消他的种种顾虑

实训练习 4

目的：学会从不同的人群中判断潜在客户类型，并针对其特征，找出与之打交道的方法。

规则与要求：要求学生以小组为单位，利用事先准备好的明星照片来观察。小组通过讨论（10 分钟），根据照片中明星的外表来描述对这些明星的印象，提出如何向其营销证券产品和服务的对策。结合客户分类及对策设计出对某一类客户营销证券产品和服务的对策方案。

学生角色：客户经理。

评价：由教师根据对客户实际情况分类的相对准确性及营销对策的可行性来做出评价。

实训过程：

实训总结和心得体会：

（三）寻找潜在客户的方法

寻找潜在客户的方法众多，下面介绍一些常用方法如表 3-14 所示。

表 3-14　　　　寻找潜在客户的方法

方法	内容	特点	关键点
地毯式搜索法	又称逐户访问法、上门推销法，是指经纪人在事先约定的范围内挨家挨户访问的方法	访问范围广，涉及顾客多、可借机进行市场调查，了解潜在客户需求 盲目性大，耗费大量的人力和时间	不放过任何一个潜在的客户，对客户经理素质要求较高
广告搜索法	利用各种广告媒体寻找客户的方法	传播速度快，范围广目标对象的选择不易掌握，广告费用高，无法掌握客户的具体反应	选择适合证券行业客户的媒介，注重广告的制作效果
扩张关系链法	指通过老客户的介绍来寻找其他客户的方法	信息准确有效，能够增强说服力 事先难以制定客户完整的访问计划 客户经理往往处于被动的地位	尤其适合证券这种服务性的行业。客户经理要善于利用各种关系，必须取信于现有的客户，给现有的客户一定利益，拜访新客户时提前搞清其情况
会议寻找法	指利用参加各种会议的机会，和其他与会者建立联系，并从中寻找潜在客户的方法	节约成本，参会者基本上是合格的潜在顾客	在实际运用中要注意技巧，尽量不提或委婉提出自己的意图
电话寻找法	指客户经理利用打电话的方式寻找潜在客户的办法	一种心理沟通，具有方便、快捷、高效、超值等服务特点	要求客户经理具备电话沟通的能力并掌握其技巧
函件寻找法	指以直接邮寄函件的方式来寻找潜在的客户	目标明确，成本高，时间长，回复率较低	以私人名义撰写信函，写信前搞清客户的姓名及基本情况，在信件结尾亲笔签名
观察法	指客户经理通过自己对周围环境的分析和判断来寻找潜在客户的方法	成本低	对客户经理的判断力和观察力要求较高，要求判断时尽可能客观
专业渠道获得法	从专业的行业期刊、杂志、网络获得信息专业的市场调研公司所提供的行业分析报告与客户名录 通过行业协会主持的业内的技术研讨会、产业发展研讨会等渠道寻找客户	较快地了解市场容量和潜在客户的情况，成本低。商业资料的时效性较差	灵活运用沟通技巧以获得对方的信任

挖掘潜在客户的方法除了上述几种外，还有很多。比如，既可以从朋友、熟人或

没有竞争关系的其他人员那里获取相关信息，也可以通过商业展览获得资料。总之，寻找潜在客户是一个艰巨的工作过程，需要客户经理综合运用以上方法与技巧，才能取得最终的成功。

（四）寻找客户的技巧

· 与尽可能多的人建立联系，无论正式还是非正式方式。

· 定期与可能成为社交网的朋友一起吃饭或运动。

· 向别人推荐适合对方的客户或商业机会。

· 不论偶然接触过的朋友还是社交网中经常向自己介绍客户的人，应通过各种沟通方式与他们保持密切关系。

· 向经常给自己介绍客户的人表示衷心的感谢，逢年过节给他们送贺卡及礼品，无论是否与其介绍的潜在客户成交。

实训练习 5

目的：掌握寻找客户的途径。

规则与要求：根据每个人自己的社交关系网，以小组为单位设计寻找客户的途径。

场景：在实训室模拟客户经理研讨会。

评价：由教师根据各小组设计方案的合理性及实用性进行评价。

实训过程：

实训总结和心得体会：

二、小客户管理

（一）正确认识小客户的重要性

小客户有巨大的发展潜力，但因为他们的成交额太小，经常会被忽略。作为初入证券投资行业的客户经理，最初接触的客户基本上都是小客户，因此对小客户管理是客户经理最初的主要工作任务。实际上，对真正的营销高手而言，客户没有大与小，关键在于挖掘客户的潜力。在与小客户建立关系时，他们会给客户提出好的建议，给客户留下一个好印象；占有优势之后，客户经理就可以以更低的投入获得更高的产出。

许多人在对待客户政策中实行了区别对待的政策，搞一地一策，一户一策，过分强调重点大客户的作用，而对一般客户的重视程度却不够，甚至在服务理念上歧视一般客户。这种做法是一种只顾眼前利益、缺乏战略考虑的做法，势必会造成不良后果。

（二）小客户管理方法

要公平对待每一位客户。不论大客户还是小客户都是客户，在思想深处都应该一视同仁，绝不能对小客户采取歧视态度。

（1）关注小客户巨大的潜力。增长潜力是需要考虑的第一要素，不管客户现在是大还是小，对于有增长潜力的小客户，通过长期的跟踪合作，客户经理可以和小客户一起成长发展。

（2）了解客户需求，为客户着想。看到了小客户巨大的潜力，客户经理应根据客户未来成长蓝图，构想出一个基于小客户需求的投资产品或服务的建议。这个建议一旦被客户接受，就会产生增值效应，引导客户不断带来新的客户。这也是客户经理不断提高客户忠诚度的好办法。

（3）注重私人感情交流。吸引小客户的手段主要是人脉和服务态度。所以，与大客户沟通的技巧不同，与小客户的沟通更要注重私人感情交流。与小客户进行稳固的沟通后，能够建立稳固的关系，进而形成排他性的合作关系。

与小客户进行良好的私人感情交流的核心，首先是真诚，客户经理必须用个人的正直、诚实赢得客户的好感和认同。同时，善于用客户喜欢的方式和语言来表达自己的想法。了解每个顾客的喜好，记住在生日或节日时给客户一条问候的短信或一个精美别致的小礼品。另外，注意运用沟通提升同客户的关系附加值，如帮助客户进入更广阔的生意圈子，给客户介绍行业中有影响的人，通过提升这种关系的附加值，建立起更好的关系。

（4）“培训”小客户。证券公司往往会为 VIP 客户举办一些理财、健康等方面的讲座，进而培养他们的风险意识和理财意识，而对于小客户，却很少有一些系统的活动。实际上，小客户更加需要有这种“培训”，而这种“培训”往往需要证券投资客户经理来提供。最有效的办法是客户经理要对每一位客户进行认真的分析，根据客户的需要，为客户准备一些建议，为小客户建立一份详尽的档案，档案里记录着每一位客户的信息，以及给客户提供的每一条建议的时间、内容，客户采纳情况，客户对建议的评价以及采纳建议后的效果。给客户提供的这些建议，要遵循简单实用的原则，根据客户的理解方式与接受能力，用客户喜欢的方式表达。

（5）为小客户提供超值服务。为小客户提供一般性的服务，如通过发送 E-mail、传真、温馨提示，提供各种咨询、广播股评、股评资料；提示新股中签、缴款等公告；提供场内交易软件和咨询软件的使用培训等。还要有选择地为小客户提供会员类服务，如免费提供当日重要金融、财经新闻；传递每周大势研究、热点板块及个股推荐有关信息；通知关于客户持有股票的重要公告信息；免费提供行业、个股深度分析报告；免费提供股民培训、电脑常识培训等技术培训等。

实训练习 6

目的：通过对基金资料的整理与归纳等专业训练，学会为小客户提供超值的服务。

规则与要求：

（1）要求学生以小组为单位，利用事先准备好的当日重要金融、财经新闻、每周大势研究、热点板块及个股推荐等有关信息资料，在 5 分钟内尽可能多地记住资料上的关键信息。

（2）立即在不超过 2 分钟的时间内复述记住的内容。

（3）模拟客户经理向客户介绍这些资料，调查客户的投资需求。

客户身份：初进入证券市场，刚成为本证券公司的客户。

评价：由教师根据各小组讲解重要财经新闻、股票分析的准确性，对客户投资需求的判断能力进行评价。

实训过程：

实训总结和心得体会：

模拟情景设计 3-1

场景：在实训室模拟证券客户经理研讨会。

学生角色：客户经理 4 人。

情景内容：以客户经理团队为形式，探讨管理小客户的方法。

客户经理 A：作为一个初入行的证券投资客户经理来说，我们能接触的客户基本上都是小客户，那么如何管理小客户是我们工作的重点，也是今后培养与开发大客户的必经之路。我们今天交流一下如何管理小客户，请大家说说各自的想法。

客户经理 A：我先开头。在小客户管理中，目前存在的最大问题就是许多人在对待客户的政策中实行了区别对待，搞一地一策、一户一策，过分强调重点大客户的作用，而对一般客户的重视程度却不够，甚至在服务理念上歧视一般客户。我总觉得这是一种只顾眼前利益、缺乏战略考虑的做法，势必造成不良后果。

客户经理 B：表现在哪些方面呢?

客户经理 A：比如不能与小客户共患难。

客户经理 C：这是不争的事实。还有的经纪人对小客户很无礼，往往对穷客户或小客户视而不见，对大客户趋之若鹜。

客户经理 D：对，这也很常见，他们一定忘了许多大客户也并不会一夜之间冒出来的事实了!

客户经理 B：我也发现有经验的经纪人往往除了既有的大客户，还会关注那些拥有巨大潜力的小客户。

客户经理 C：就是嘛，不管客户目前是大还是小，他们总是要发展的。我们要坚信：总有一天，小客户会成为大客户，至少他们有成为大客户的可能性。

客户经理 A：对，所以我们就要充分重视小客户。

客户经理B：事实上，我认为运作小客户更像是在耕地种田，只有淡季不辞辛苦地去耕耘，到了旺季才会有收获，小客户在旺季发挥的威力并不会比大客户逊色多少。一般的中小客户往往发挥着非常重要的作用，他们分布广、数量多，如果我们不重视与一般客户的关系建设，就会造成一般客户积极性和忠诚度降低，影响事业的长期发展。

客户经理A：对，好多大客户也是由小客户成长起来的，而且小客户做大做强的愿望也是很强烈的，他们的壮大需要经纪人的支持，小客户与我们合作的门槛也比大客户低得多。

客户经理C：是的，只要经纪人能保证他们有较为理想的利润，他们的忠诚度还是比较高的。

客户经理D：那确实是。而某些大客户往往因资金雄厚、网络广阔、人员素质高而与经纪人讨价还价，在某些要求得不到满足的情况下，可能会另择新枝。

客户经理A：我们再探讨一下如何挖掘并发展小客户吧。

客户经理C：这首先要关注小客户巨大的潜力了，因为不管客户现在是大还是小，对于有增长潜力的小客户，通过长期的跟踪合作，我们可以和客户一起成长发展。绝不可轻视这样的客户，要知道，今天的“小不点”也许就是明天的大客户。

客户经理B：我同意你的说法。市场中的小鱼总是成长得更快，而那些大鲨鱼发展的空间通常却是很有限的，所以今天的小客户很有可能成为明天的大客户。

客户经理A：对，即便同样是大客户，有发展潜力的也比没有潜力的更有价值。和有潜力的客户合作，意味着帮助他们开发潜力，如果你能帮助客户把他们的潜力最大化地开发出来，双方就能一起成长，而且是一起更快地成长。

客户经理D：是的，所以我们不仅要为他们提供今天最需要的服务，还要为他们提供明天最适合的服务，而这正是我们长期发展所必需的。

客户经理A：对，往往好主意加执行力，才能赢得小客户。

客户经理D：好主意加执行力怎么理解呢?

客户经理A：是这样的，当我们看到了客户的巨大潜力以后，接下来要做的事就是根据客户未来成长的蓝图，构想出一个基于其购买能力的、可以付诸实施的好主意。这个主意一旦被客户接受，就会产生增值效应，引导客户不断开发出更大的投资空间。

客户经理B：确实是，我也发现有经验的经纪人往往很擅长这种方法。

客户经理A：对，他们和各类客户打过交道，往往对市场也有着深刻的了解，对可能出现的情况和供选方案等都有清晰的认识。

客户经理B：是的，更为重要的是他们能把想法转化成实际行动。

客户经理C：实际上，他们的执行力正是他们胜出的法宝，也是受客户青睐的原因。

客户经理D：所以，发展小客户，保持小客户竞争力，往往才能开拓出发展空间。当客户发展得更强大时，你就会面临更多的竞争对手，这时候好多人都会想把客户抢走。

客户经理A：是的，客户变得更强大时，面临的竞争也更加激烈。因为当他们达到了一定规模时，就不得不去争抢新的市场，触动原来相安无事的竞争者，于是客户被逼无奈，就会变得更苛刻。

客户经理B：是的，我们绝不能被这种变化吓倒，因失去勇气而退出，而要把它看成独特的机会。当客户面临激烈的竞争时，会欢迎帮助和建议，特别是来自专业的、有经验的经纪人的建议。

客户经理A：没错。我们能为他们提供最新的股市动向信息，提出有益的建议，就仍会是他们的座上客。事实上，要成为客户的首选不是一日之功，要永远成为他们的首选就更是难上加难了。

客户经理B：所以，我们要做长期努力，不仅为他们提供增加利润的解决方案，还要提供能提升他们整体竞争力的方案。

客户经理A：对，经纪人本身就意味着要满足客户需求嘛。一旦我们能够帮助客户提升竞争力，不久就能把他们发展为主要的客户。

客户经理C：我认为，能给客户提出好的建议，给客户留下一个好印象是很重要的，这可以使我们在实践中占有优势。

客户经理A：对，这样我们就可以以更低的投入获得更高的产出了。

客户经理D：事实上，对我们来说，主要任务就是把客户的发展潜力最大限度地挖掘出来。

客户经理A：今天的讨论让我们大家受益匪浅啊。但由于时间关系，今天的讨论会就到此为止吧。

三、大客户管理

对大客户进行管理的目的只有一个，那就是“为客户提供持续的个性化服务”，以此来满足客户的特定需求，从而建立长期稳定的大客户关系。当然大客户管理必须和经纪人自身的整体策略相结合。大客户通常是某一领域的细分客户，而且和传统的大众客户管理相差甚远，大客户管理能够最大化地满足顾客的需求。

（1）大客户的类型

大客户有三类：普通大客户，这是由大客户经理与决策主体组成的；伙伴式大客户，这类大客户涉及的双方人员比较多，有双方的财务经理、物流经理、总经理等，涉及成本核算等领域的多方面合作；战略性大客户，这类大客户涉及的人员和组织从最基层的销售员、采购员到高层的CEO、董事长。

（2）影响大客户投资有价证券的因素

大客户购买有价证券的影响因素比较多，但最常见的有以下一些，如表3-15所示。

表3-15　影响大客户投资证券的因素

费用	在进行证券产品交易的过程中费用是否最小，是大客户要考虑的问题
赚钱概率	做证券投资收益率的大小是大客户考虑的重要问题
购买股票的复杂程度	证券公司所提供的服务越复杂，客户所需要处理的问题就越多，潜在成本也就越高
政治因素	政府的货币政策是否对其有影响

(3) 为大客户提供服务

从以上大客户进行证券投资时需注重的因素可以看出，这对客户经理本身的素质有较高的要求。客户经理对客户本身的状况、赢利方式要有绝对的了解，要具备相当强的沟通能力，还要掌握丰富的证券知识和全面的业务知识。客户期望客户经理有能力和其沟通，能提出建设性的设想，并有能力推进合作。客户经理要有很强的谈判能力，在整体的战略思考、管理计划、组织能力上要更胜一筹，对于股票知识和培训能力也有一定的要求，最好还能够知悉法律、财务的基本知识。

客户经理在与大客户进行沟通并提供服务时要有针对性。这是最关键的一点，要根据不同行业、不同服务进行区分，这样才能为大客户创造不同一般的价值和服务。

①咨询。

· VIP 会员个股的即时信息；

· 重大政策发布通报及影响分析；

· 投资深度分析（资金流向、庄家动向及信息、公司研究）；

· 大盘研判，热点板块及个股追踪，并给出指导性意见；

· 客户指定上市公司的调研，并提交调研报告；

· 国际、国内财经信息，重大事件信息。

②各项服务。

· 月度投资回顾及分析，并提出改进意见；

· 提供量身定做的投资组合及操作建议；

· 用手机短信等形式提示 VIP 会员客户股票买入卖出点位，盘前、盘中提示。

③提供家庭理财投资顾问服务。

④提供与本证券公司有合作的相关单位的优惠（如银行储蓄、保险、开放基金分析等）。

(4) 大客户的档案管理

大客户档案管理的内容如表 3-16 所示。

表 3-16　　大客户档案管理

类型	内容
基本信息	包括客户的电话、地址、传真、E-mail、性格、爱好等基本信息
重要信息	客户的资源及客户状况，我们所提供的服务有多少，竞争对手有多少，带给客户的利润如何等
核心信息	管理客户的计划和提供的策略，并检查其效果以便随时改正
过程管理信息	包括所有的谈判记录、谈判参与人的身份，我们在谈判过程中的回答、下一步的策略

实训练习 7

目的：掌握客户经理管理大客户应具备的基本素质，了解可能为大客户提供的服务。

规则与要求：以小组为单位，讨论客户经理在管理大客户时应具备的基本要求，并写出证券公司可能为大客户提供的产品与服务。

评价：由教师根据各小组列出的给大客户提供的服务及对目前市场上的产品情况介绍的准确性及全面性进行评价。

实训过程：

实训总结和心得体会：

四、证券投资客户忠诚度管理

(一) 客户忠诚

(1) 客户忠诚的特征

客户忠诚的含义是指由于受价格、产品、服务特性或者其他因素的影响，客户长久地购买某一企业或某一品牌的产品或服务的行为。客户忠诚度就是对这一行为的量化。

客户忠诚是企业长期获利和业绩增长的有效途径。对于证券公司而言，其最大的成本就是吸引新客户，吸引一个新客户比留住一个老客户的成本高 4~6 倍。客户的存留量与公司的利润之间具有很高的相关性，与长期利润相关的唯一因素是客户的忠诚，而不是销售量、市场份额或低成本。客户满意可降低经纪人未来工作过程中的交易成本。客户流失率每减少 1%，就相当于降低 5%的成本。客户忠诚还可以降低企业管理成本，同时减少处理客户不满所花费的时间，可花费更少的资源。

（2）忠诚客户的特征

第一，会反复地消费证券公司的产品或服务，公司甚至可以定量分析出他们的购买频率。

第二，在消费产品或服务时，选择呈多样性，他们更信任该证券公司的产品或服务，很支持企业的活动，更关注企业所提供的新产品或新服务。

第三，乐于向他人推荐企业的产品，被推荐者相对于其他客户会更亲近于该证券公司的产品或服务。

第四，会排斥其他该证券公司的竞争对手，只要忠诚的纽带未被打破，他们会竭力维护公司的利益与形象。

（二）客户忠诚三要素

客户忠诚建立在多个要素之上，而不仅仅是建立在客户经理对客户偏好的记录上，仅有客户管理系统和大容量的数据库是远远不够的，要培育客户忠诚，需要深入了解培养客户忠诚度的各个要素。

（1）信任。客户忠诚的第一个要素是信任。客户必须要信任他的客户经理，信任是客户忠诚的一个决定性的因素。

· 在实际生活中，值得信任的客户经理可以降低客户遭受损失的可能性，或帮助客户降低风险。

· 从本质上来说，信任支持了客户那种认为“可以在服务中得到积极成果”的信念。信任的效果可以表述为这样一种感觉，即经纪人是专业人士，可以“把事情做好”。

· 只有在客户产生了对经纪人的信任之后，忠诚才能产生。

· 让客户信任客户经理的前提是，客户经理具备三个支持性的部分：经纪人提供服务的能力、善意和信誉。只有这三个部分合一，才能让客户产生信任。

· 经纪人必须在和客户接触的早期就向客户表现出支持性的三个部分，并且在和客户的全面接触中不断深化客户对这三个部分的认知。

（2）感知价值。客户忠诚的第二个要素是感知价值。客户在服务中获得的感知价值必须要比从其他竞争者的服务中获得的服务价值更高。在这里，客户经理要非常注意从客户的角度来理解价值和成本的真正内涵，因为这是使客户获得高感知价值的基础。具体来说，需要了解以下几个方面。

· 影响建立客户忠诚的要素中，纯感知价值是仅次于信任的要素。

· 感知价值可以被看作是一个综合框架，客户通过这个框架来评估价格、已发生的成本以及从客户经理那里所获得的收益，并将评估结果和其他证券公司的价格、费用和能够提供的收益进行对比之后，获得的总体感觉。

· 不同情况下评估框架的内容会有区别，因为不同的客户采用不同的方式来评估价值，通常所说的“客户满意度”，在相当程度上来源于纯感知价值。最基本的价值计算就是成本和收益的计算。

· 从客户的角度看，成本是多种多样的。成本既包括了货币成本、服务的价格，又包括了客户在交易中花费的时间和精力，以及所承受的担忧和不确定性。

· 价值也是多种多样的，客户经理要精确地理解客户所看重的价值，并将这些价值提供给客户。

· 也有一些客户会非常看重交易的方便性，对于他们来说，时间是关键性的要素。

总之，降低信息搜寻时间的成本，加快交易和交货的速度，减少交易过程中客户的精力花费，将会获得客户的价值认同。

（3）情感。客户忠诚的第三个要素是情感。如果客户经理能够实现以上两点，那么也能够让客户产生一定程度的情感依恋。这种情感回应一旦在交托给客户经理之后，就不容易改变，从而形成高度的客户忠诚。实际上，客户的所有决定都在某种程度上和情感因素有些联系。

· 忠诚客户经理对于客户自身来说也有好处，它不仅可以节省客户进行服务比较的精力，还能节省搜寻合意服务所需要的咨询时间，因此客户对于合意的客户经理总是抱有很深的感情。

· 客户对客户经理的感情依恋主要有信赖感与信誉感、自豪感和激情。

· 信赖感和信誉感来源于客户经理构建信任的努力，是客户经理确保服务的一致性并承担相关责任之后的成果。

· 自豪感则属于一个更高的层次，反映了客户对于客户经理的深层次认同。

· 激情则反映了服务对于客户的无可替代性，体现了客户经理对客户需求的完美满足。

（三）客户忠诚分类

这种以感性为基础的表述表明，不同客户所具有的客户忠诚度差别很大。具体的类型如表 3-17 所示。

表 3-17　　**客户忠诚分类**

类型	内容	客户忠诚度特点
垄断忠诚	指客户别无选择。典型的情况是一个地区只有一家或很少的证券公司或营业部	高依赖、高重复购买的客户
惰性忠诚	指客户因为惰性而不愿意去寻找其他的证券公司或营业部。如果一旦其他证券公司给予更好的服务，便会被挖走	高重复购买、低依赖的客户，通过提供高质量的服务与产品留住客户
方便忠诚	指由于地理位置或环境比较方便或熟悉等。如果其他证券公司给予更好的服务，便会被挖走	高重复购买、低依赖客户。通过提供高质量的服务与产品留住客户
潜在忠诚	指客户希望得到更多的咨询，但因为交易量不大，而被证券公司拒绝提供较周到的服务	低重复购买、低依赖客户。提供高质量的服务与产品留住客户。证券公司应提供差异化服务

表3-17(续)

类型	内容	客户忠诚度特点
价格忠诚	对于价格敏感的客户会忠诚于提供最低价格的证券公司	低依赖、低重复购买的客户。证券公司无法把这些客户培养成忠诚客户
激励客户	当证券公司提供优惠服务时，这些客户就会加入，但活动结束时，就转向其他证券公司	低依赖、低重复购买的客户
超值忠诚	这是一种典型的感情或品牌忠诚。这种忠诚对证券公司是最有价值的。客户对使其从中受益的产品和服务情有独钟	低依赖、高重复购买的客户

（四）提高客户忠诚度的策略和方法

（1）培养客户忠诚的策略

获得客户忠诚的最好办法就是客户经理以自己的忠诚或者是采取忠诚的行为换取客户的忠诚。在以客户需求为导向的今天，每一个客户都是独立的、不相同的，只有按照客户的需求去做，尽可能地满足客户需求，才能留住客户。让客户忠诚就必须从客户资产的安全性、流动性和收益性等方面来考虑，尤其是为重点客户服务时，要尽量为其着想。当客户需要帮助时，把客户的困难与问题当成自己的困难与问题来解决，这样才会使客户成为企业忠诚的客户。

一般而言，从公司角度来说，可以通过客户差异化和服务差异化来获得客户忠诚。

①客户差异化管理。采取客户差异化管理的前提是必须了解客户，这包括熟悉每位客户的独特之处，掌握导致客户之间差异的原因。为了识别每位客户的特点，通常从内在因素识别忠诚客户群，根据客户交易量的大小、客户交易量增长率的大小、这种客户关系持续的时间长短、客户关系能带来利润的大小等方面，将客户进行分类。在搞清哪些客户能让公司赚钱，哪些客户会让公司赔钱后，有助于客户经理制定忠诚营销战略。

②服务差异化管理。服务差异化管理就是提高服务附加值的营销战略，其目的是提供一系列满足甚至超过投资者期望值的产品和服务。在了解了客户的差异及特殊需求后，就要提供相应的产品和服务使之得到满足。证券投资客户经理能为客户提供的服务产品主要有信息服务和理财服务。

一类是和投资者交易行为相关的账户交易服务，如实时成交回报、持仓股增发配送提示、自选股的预警、新股中签提示、新股上市提示等。客户经理要把这些信息及时传送给客户。

另一类是资讯服务。一般证券公司都有基于信息电子化平台向投资者传递其所需要的证券信息的服务，如与客户相关的重大消息公告、持仓股公告、财务数据、一对一答疑。从客户经理角度来说，要合理地利用公司这些资讯，及时向客户提示或提出建议。

（2）将潜在客户转化成忠诚客户的方法

①将潜在客户或一般客户转化成忠诚客户的重点是对客户做深一层的调查，看对方是否有成为你的忠诚客户的实际欲望，将其自然过渡。

②将有效潜在顾客转型为一般客户，这一步非常关键，客户从此是否为忠诚客户在于客户经理的第一次服务。很多人总是操之过急，恨不得一口吃个大胖子，这样做的后果往往适得其反。

③将第一次合作者转型为一般客户，客户认可了客户经理的服务和专业技能，在其再次需要此服务时，一定会毫不犹豫地选择你。在这种时候，服务依然是最为关键的，客户现在成了你的朋友，但并不是你忠诚的朋友，这就需要客户经理再次努力。

④诱导一般客户转为忠诚的客户，到了这一步，客户经理才可以要求客户做自己的长期合作伙伴。一来基于客户的信任不好拒绝，二来客户经理也有足够的自信去要求客户。

实训练习 8

目的：通过对证券投资及股票市场资料的整理与归纳等专业训练，学会为客户提供超值的服务。

规则与要求：要求学生以小组为单位，事先准备好证券公司的近期股票市场研究报告等资料，每一个学生要在 10 分钟内理解背诵资料上的关键内容，之后分别扮演客户经理，就股票市场最新信息内容向一位忠诚客户提供信息服务，并与客户探讨股市发展趋势。

客户身份：客户多年在本证券公司做有价证券投资，资金量大，交易较为频繁。

评价：由教师根据各小组对资料的记忆与理解的情况，以及为客户提供的信息服务的适用性做评价。

实训过程：

实训总结和心得体会：

五、客户流失

（一）客户流失的原因

导致客户流失的原因是多样的，具体如表 3-18 所示。

表 3-18　客户流失的原因与分析

流失原因	分析
客户流动	客户从原单位调离，甚至离开所在城市，导致流失
竞争对手的“抢夺”	被竞争对手用感情投资或利益诱惑挖走客户
股市波动	一时不可预料的因素，如银行利率上调，股票价格下跌，导致客户没钱赚甚至赔钱，选择离开市场
细节疏忽	客户经理在与客户沟通的细节上出现了问题，使客户反感而离开
诚信问题	有意无意地失信，导致客户的信心尽失，进而退出
自然因素	缺乏沟通、管理不到位、客户不愿意继续从事股票行业，使客户流失
服务质量	客户对服务不满，就会转向寻求新的更能满足其需求的客户经理

（二）防止客户流失的措施

要努力防止流失客户，有以下几个措施：

（1）在满足客户基本需求的情况下，可以尽可能为其提供额外增值。

（2）对于留住老客户来说，服务到位比什么都重要。一般来说，客户衡量客户经理服务优劣的标准包含几个方面，如图 3-2 所示。

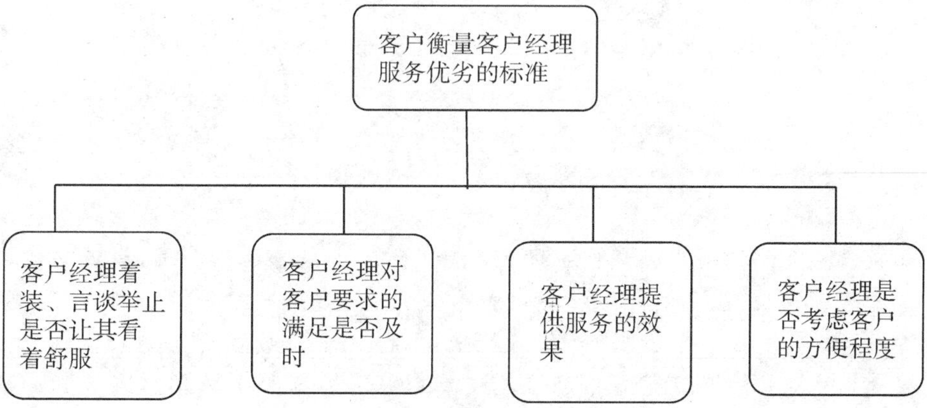

图 3-2　客户衡量客户经理服务优劣的标准

· 利益。要尽量能让客户最大限度地得到好处，实现客户小投入大回报的愿望。

· 方便。让客户感觉和客户经理或证券公司合作是最方便的，而且麻烦也最少。

· 感情。让客户感受到被尊重，感觉到跟客户经理打交道有享受般的快乐，必要时客户经理要学会适当地满足客户的虚荣心。

（三）留住客户的步骤

防止客户流失的措施可以减少客户流失，那么如果客户真的要流失了，该怎样挽留呢？其步骤如表 3-19 所示。

表 3-19　挽留客户的步骤

明确界定客户保持的目标和相关战略	对客户的基本目标和战略要有明确的了解，做到知己知彼
对客户群进行划分	根据“二八法则”，对于优质客户，要为他们提供更多的附加价值，提高他们的忠诚度，对于价值不大的客户群，也要保持足够的关注，因为他们也可能发展成为优质客户
了解客户的关键需求	全方位优质服务是好，但有的客户对时间的要求特别高，也有的客户可能对相关的成本看得比较重，或对服务质量有较高的要求，客户经理要弄清客户所期望的绩效与实际所感知的绩效之间存在的差距
通过改进服务流程	进一步改进和提高客户所需要的绩效
关注客户的需求变化	客户在不同时期有不同的需求，客户经理要随之做出调整，以满足其新需求
通过合理手段，增加客户的退出成本	有的客户考虑到退出成本比较大，于己不利，就会打消退出的念头
考核客户留住计划的实施情况	通过考核，调整自己的计划

第四章 证券投资分析基本分析实训篇

■**本章简介**

证券投资基本分析是证券投资分析中的重要内容，包括宏观因素和行业因素，本章对各种宏观因素的变动对股价的影响、行业不同生命周期对股价的影响进行了分析。

■**学习目标**

1. 能深刻理解各种宏观因素的变动对股价的影响。
2. 能掌握行业的划分及内容。
3. 了解行业的生命周期及影响因素，熟悉行业的竞争程度及市场结构分析。
4. 掌握影响有价证券走势的各种行业因素分析。

第一节 证券投资的宏观经济分析

一、宏观经济走势的因素分析

（一）经济周期

科学研究和实践证明，宏观经济走势具有周期轮回的特征，即具有经济周期。作为宏观经济晴雨表的股票市场，必然受到经济周期的影响。经济周期表现为四个阶段：

（1）萧条阶段。在萧条阶段，信用萎缩、投资减少、生产下降、失业严重、人们收入减少，必然会减少对股票的投资需求，因而股市呈现熊市景象。

（2）复苏阶段。在复苏阶段，经济开始回生，公司经营趋于好转，人们收入开始增加，也会增加对股票的需求，股价开始进入上升通道，此时是购入股票的最佳时期。

（3）繁荣阶段。在繁荣阶段，信用扩张，就业水平较高，消费旺盛，收入增加，股价往往屡创新高。但此时应注意防范由于政府实施宏观经济政策给股票市场带来的系统性风险。

（4）衰退阶段。在衰退阶段，随着经济的萎缩，股票投资者也开始退出股市，股价也会由高位回落。此时应卖出股票。

注意：通常情况下经济周期与股价指数的变动不是同步的，而是股价指数先于经济周期一步。即在衰退以前，股价已开始下跌，而在复苏之前，股价已经回升；经济周期未步入高峰阶段时，股价已经见顶；经济仍处于衰退期间，股市已开始从谷底回升。这是因为股市股价的涨落包含着投资者对经济走势变动的预期和投资者的心理反应等因素。

（二）经济增长

（1）相关深层原因

①经济增长会引起资金规模的相应变动而其又是股价指数变动基础；从经济增长的过程来看，社会需求规模扩张——企业借款经营规模扩张（规模扩大途径：银行间接信用、发行股票直接融资）——企业扩大经营，普遍利润总额上升——上市公司股票收益率普遍提高——股价指数上涨，所以，经济增长加速的过程即是资金规模扩张、企业利润、上市公司收益率普遍提高的过程，是股价指数上涨的基础性动力。

②股价指数波动与经济增长关联性还表现在进入股价指数标本的上市公司，一般都是各行各业具代表性的大公司股票，这些公司经营业绩是国民经济形势的大致反映，故分析股价波动趋势的基础在于经济状况。

（2）经济增长率（国内生产总值 GDP）对证券市场的影响分析

①经济持续增长对证券市场的影响

在持续发展的经济增长下，总需求与总供给的协调，经济结构的合理，使上市公司利润增加、业绩理想、分红增加、生产规模的进一步扩大，从而使公司的股票或债券升值，促使人们普遍看好上市公司，对价格上升产生预期。于是证券投资的供求也发生变化，需求大于供给，促使证券价格上升。此时，由于国民收入的提高，进一步刺激证券投资而继续推动证券的价格的上升。证券市场的总体走势呈上升趋势。

②经济危机与衰退对证券市场的影响

繁荣高涨的经济，往往总需求大于总供给，推动物价上升和股价上扬，其中已包含着诸多泡沫因素，在股价上扬的财富效应下，促使消费过度膨胀，通胀也逐渐加深，一旦经济危机爆发，首先表现为支付手段的危机，企业个人信用的过度透支，此时因经济效益的下降，企业利润减少以及消费者收入减少，爆发信用危机，从而导致证券市场价格的下跌，人们卖出股票，解决支付手段的问题，导致了股票供大于求，证券市场发生了暴跌的现象。

进入萧条期，证券市场处于交投清淡的低迷时期。多数证券的价格都已跌到内在价值之下，但大多数人却看坏这一市场而不愿从事证券投资。

蒂姆森、马什和斯汤顿在他们的著作《乐观者的胜利》中发现股票总实际回报率和人均 GDP 增长率之间存在关联：“据统计，1900—2000 年的关系指数为负 0.27，1951—2000 年的关系指数为负 0.03。”

杰伊-里特也在其著作《经济增长和股市回报》中发现人均 GDP 增长率和股价上涨关系密切：“我对此的结论是……通过对 16 个国家自 1900—2002 年的数据分析后发现，这一关系指数为负 0.37。”（见图 4-1）

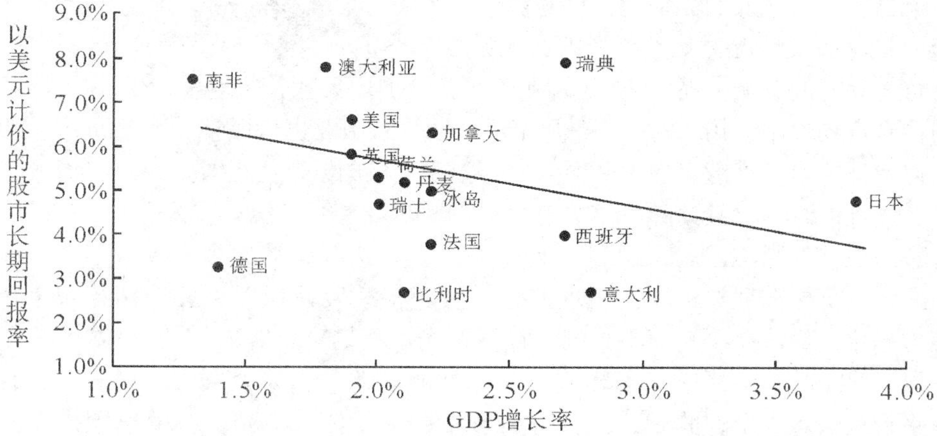

图 4-1　1900—2006 年 12 月 16 个国家以美元计价的股市长期回报率与其平均实际 GDP 增长率的比较

杰恩和卡兰森在其著作《兼谈 GDP 增长与股市回报的神话》中称："数据清楚地表明，扣除通胀调整因素后，从长期来看，股市回报率和人均 GDP 增长之间存在着反比关系"。

（3）就业状况的变动对证券市场影响分析

证券市场的投资不论是机构投资还是个体投资，都是社会大众化的投资，就业状况的好坏不仅反映了经济状况，而且对证券市场资金供给的增减变化有密切关系。在经济增长初期，人们就业收入用于支付个人消费，之后人们手中积累了一定的多余货币而投资于证券，因此，随之证券市场发达了，在经济繁荣期，就业率高，收入普遍增长，证券市场资金源源流入推高股价，而投资者因财富效应增加消费信贷，银行业甘愿承担授信品质低的信贷风险。当一些有远见的获利者抛售股票离场时，证券指数下跌，大多数人会补仓推动股价上扬，但后续资金乏力，股指终究跌落下来，随着投资者损失加重，消费投资减少，就业机会下降，经济危机爆发，人们斩仓出逃。接着持续的经济衰退，失业率上升，证券市值大幅下降，证券指数运行在一个长期的下跌趋势中。

（4）通货膨胀与通货紧缩对证券市场的影响

①通胀的影响：通胀早期，表现为温和的、慢速的、需求拉上的状态，人们有货币幻觉，企业家因涨价、盈利增加而追加投资，就业随之增长，收入随之增长，消费者投资于证券的资金增加；通胀中期表现为结构性为主混合需求拉上成本推进的状态，一些部门的产品价格经过结构性投资变动价格上涨，证券品种之间价格发生结构性调整；在严重的通胀下，货币大幅贬值，人们相应地抽取证券市场资金，购置物业等保值商品。投资收益下降，经济衰退，资金离场，证券价格进一步下跌，因此长期通胀，经济必衰退，证券价格下跌，从而抵消了早期通胀对证券投资的积极效应。

②通货紧缩的影响：通货紧缩是物价水平普遍持续下降的经济现象，物价水平下跌提高了货币购买力，但商品销售减少，企业收入减少，投资也减少。通货紧缩初期，由于货币购买力提高，消费投资会有所增加，证券市场的兴旺是短暂的，随就业机会的减少，公众预期收入减少，消费投资低迷，而使证券市场低迷。通货紧缩的主要原因为中央银行货币供给量减少，但有时也会因投资环境差，新增的货币供给并不能转

向投资于消费，而被人们流动性偏好吸收。

（5）国际收支状况对证券市场的影响

①贸易顺差的影响：持续的贸易顺差可以增加国民生产总值，公众收入增长，从而带动债券市场价格上扬。20世纪90年代初期，东南亚出口顺差，而经济增长快，收入增长促使证券市场高涨，但1997年金融危机后，被欧美发达国扩大出口而改变。总之，出口优良的企业，其证券价格会有优异的表现。

②贸易逆差的影响：一国出口贸易逆差，生产这些产品的企业收益下降，证券发行受冷遇，其价格在证券市场上表现差，一国若持续贸易逆差，外汇储备减少，进口支付能力恶化，经济受影响而不景气，证券市场也不景气。

③国际收支顺差的影响：国际收支长期大幅顺差，容易引发国内通胀，为收购外币政府将投放过量本币，其中，国际投机资本的大量流入流出，会引发国内金融市场的动荡与本币币值的稳定，证券价格的波动则直接受到影响。

通胀对股价产生负面影响的解释

多年以来，许多经济学家都认为股票是一种通货膨胀中性的投资工具。他们认为，关于通货膨胀率的变化，不管这种变化是否有被预期到，都不会影响普通股投资的实际收益率。但近年来的实证研究表明，投资普通股的实际收益率与通货膨胀率呈反向相关关系。至于其原因，主要有以下四种不同的解释。

第一种观点认为，突发性的经济冲击（如石油危机等）会导致通货膨胀率的上升以及公司收益和股利的下降，从而使得股票投资的实际收益率与通货膨胀呈现反向相关关系。

第二种观点认为，通货膨胀率越高，股票投资的实际收益率所具有的风险就越大。因为通货膨胀率越高，经济的不确定性就越大，投资风险也就越大，从而投资者所要求的投资收益率也就越高。此外，市场资本化比率会随着通货膨胀率上升而上升，从而降低股票的内在价值。

第三种观点认为，当通货膨胀率上升时，当前的税收制度会降低公司的税后收益，减少公司的实际股利，从而降低股票的内在价值。

第四种观点认为，很多股票投资者都具有“货币幻觉”。当通货膨胀率上升时，投资者会把名义利率的上升当成是实际利率的上升，从而低估股票价值。

二、宏观经济政策的因素分析

（一）财政政策对证券市场的影响

1. 财政政策的运作对证券市场的影响

从整个国家财政对宏观经济的影响和作用来看，分为“自动稳定器”和“相机抉择”两个方面。在我国，财政政策主要发挥“相机抉择”的作用。

2. 财政政策的种类与经济效应及其对证券市场的影响

财政政策分为：松的财政政策、紧的财政政策和中性财政政策。紧的财政政策将使得过热的经济受到控制，证券市场也将走弱，而松的财政政策刺激经济发展，证券市场走强。

（1）松的财政政策表现及其对证券市场的影响

①表现为减少税收，降低税率，扩大减免税范围。政策经济效用，增加微观主体的收入，以刺激经济主体的投资需求，从而扩大社会供给。对证券市场的影响，增加人们的收入，并同时增加了他们的投资需求和消费支出。前者引起证券市场价格的上涨；后者使得社会总需求增加，总需求的增加反过来刺激投资需求，企业扩大生产规模，企业利润增加，从而促使股价上涨，由于企业经营环境得以改善，盈利能力增强，降低了还本付息风险，证券价格也将上扬。

②表现为扩大财政支出，加大财政赤字。政策效应是：扩大了社会总需求，从而刺激投资，扩大就业。政府通过购买和公共支出增加商品和劳务需求，激励企业增加投入，提高产出水平，预计企业利润增加，经营风险降低，使得股票和债券的价格上涨；同时居民在经济复苏中增加了收入，持有货币增加，景气的趋势更加增加了投资的信心，购买力增强，股市债市上扬。

特别是与政府购买支出相关的企业率先获益，其股价和债券价格也率先上升。

③表现为减少国债发行（或回购部分短期国债）。政策效应：扩大了货币流通量，以扩大社会总需求，从而刺激生产。由于债券的供给量减少，价格上扬，继而又因货币的供给效益和证券的联动效应，整个证券市场价格均会上扬。

④表现为增加财政补贴。财政补贴使财政支出扩大。其政策效应扩大了需求和刺激供给的增加。

（2）紧的财政政策的影响与松的财政政策的影响相反。

3. 短期财政政策目标的运作及其对证券市场的影响

为实现短期的财政政策主要采取“相机抉择”的财政政策。大致分以下几种情况：

（1）当社会总需求不足时，使用松的财政政策，通过扩大支出，增加赤字，扩大社会总需求，也可采取减免税负，增加财政补贴等政策，刺激微观经济主体增加投资需求，证券价格上涨。

（2）当社会总供给不足时，使用紧缩性财政政策，通过减少赤字，增加公开市场上出售国债度量，以及减少财政补贴等政策，压缩社会总需求，证券价格下跌。

（3）当社会总需求小于社会总供给时，搭配“松”“紧”政策，一方面通过增加赤字，扩大支出等政策刺激总需求增长；另一方面采取扩大税收、调高税率等措施抑制微观经济主体的供给。如果总量效应大于税收效应，那么对证券的价格上扬会起到推动作用。

（4）当社会供给小于社会总需求时，可搭配“松”“紧”政策，一方面通过减少赤字，压缩支出等政策缩小总需求；另一方面采取减免税收、降低税率等措施刺激微观经济主体增加供给。如果支出的压缩效应大于税收的紧缩效应，那么证券的价格就会下跌。

4. 中长期财政目标的运作及其对证券市场的影响

主要是调整财政支出结构和改革，调整税制。其做法有：

（1）根据国家的产业政策和产业结构调整的要求，在国家预算支出中优先投资鼓励发展的产业。

（2）运用财政贴息，财政信用支出以及国家政策性金融机构提供的担保或贷款，支持高新技术产业和农业的发展。

(3) 通过合理确定国债规模，吸纳部分社会资金，列入中央预算，转做政府集中性投资，用于能源、交通等重点建设。

(4) 调整和改革整个税制体系，或者调整部分主要税制，以实现对收入分配的调节。

对证券市场的影响：

当企业所处的产业受国家产业政策的扶持时，企业的经营如相关项目的审批、原材料和资金等的供给乃至税收等方面都可能会享受到国家的一些优惠，从而有助于经营水平的提高。反之，如企业处在产业政策的限制之列时，企业的经营将要受到较大的影响。如1996年，我国政府为鼓励和扶持汽车行业的发展，曾制定了一系列的产业政策，在一定程度上刺激了汽车产业的生产与消费。

5. 运用财政政策进行证券投资分析需注意的问题

(1) 关注经济信息，认清经济形势。

(2) 关注政府人事变动，它常常反映政府的政策倾向。

(3) 分析过去类似形势下的政府行为及对经济的影响。

(4) 关注年度财政预算，把握财政收支的总量变化趋势，对财政收支结构及其重点作出分析，以便了解政府的财政投资重点和倾斜政策。

(5) 在非常时期对经济形势分析，预见财政政策的调整。

(6) 在预见和分析财政政策的基础上，进一步分析相应政策对经济形势的综合影响（如通货膨胀、利率等），结合上市公司的内部分析，分析个股的变化趋势。

(二) 货币政策对证券市场影响

1. 利率对证券市场的影响

利率上升，一方面公司借款成本增加，利润率下降，股价下跌。将使负债经营企业经营困难，经营风险加大，其股价和债券的价格都将下跌。另一方面，利率上升，吸引部分资金从证券市场专向储蓄，导致证券需求下降，证券价格下跌。利率下降，反之。

2. 公开市场业务对证券市场的影响

政府通过公开市场购回债券来达到增大货币供应量，一方面减少了国债的供给，从而减少证券市场的总供给，使得证券价格上涨，特别是被政府购买国债品种（通常是短期国债）的首先上扬；另一方面，政府购买国债等于向证券市场提供资金，其效应是提高了证券的需求，从而使整个证券市场价格上扬，然后增加的货币供应量将对经济产生影响。

3. 汇率对证券市场的影响

外汇汇率的上升，本币贬值，增强本国出口产品的竞争力，使出口产品的企业受益而其证券价格上涨，反之依赖于进口产品的企业，成本上升，效益下降，则其证券价格下跌。但是总体看，外汇汇率上升，本币贬值导致资本从国内流出，证券市场需求减少，价格下降。本币贬值则进口产品价格上升，带动国内物价上涨，通胀引发。为了汇率的稳定，政府抛售外汇，吸回本币，减少市场本币的供应量，证券价格整体下降，直至汇率平衡。政府也可通过债市汇市配合来控制汇率上升，在抛售外汇的同时，回购国债，从而不减少市场货币供应量，使国债价格上扬，又促使外汇汇率下降，政府在实现宏观调控经济的过程中，可持续性使用松紧相宜的货币政策，把它作为一个调控过程，以保持经济的稳定增长。

三、其他宏观影响因素分析

1. 政治因素

政治上的稳定与否，直接影响了证券市场的价格波动和资金数量的变化。政权的转移、政府的更迭，都将影响社会的安定及人心的稳定，它是影响股价的重要因素。

2. 战争因素

战争对股价的影响有长期的，亦有短期的；有好的方面，也有不良的方面；有范围广的，也有单一项目的；到底影响力度如何，要视战争的性质而定。战争会使武器及医疗等工业需求增加，与此相关的股票价格就可能上涨；如果战争中断了原材料或产品的运输，影响了购买力或原料的供应，相应的股票价格就会下跌。但总的来说，对证券市场的投资是一种打击，会引发物价上涨，货币贬值，人们抛售股票来换取货币与实物，股市暴跌。即使没有发生战争的国家，其股价的上涨也是暂时的，因为经济的全球化效应是相互影响的。

战争促使军需工业兴起，凡与军需工业相关的公司股票当然要上涨。战争中断了某一地区的海空或陆运，提高了原料或成品输送之运费，因而商品涨价，影响购买力，公司业绩萎缩，与此相关的公司股票必然会跌价。其他由于战争所引起的许多状况都是足以使证券市场产生波动，投资人需要冷静地分析。

3. 自然灾害因素

自然灾害会导致上市公司效益下降，股价自然下跌。这些因素它们对证券市场的影响是突发的，有的是暂时的，对股价是巨大的打击而令证券市场动荡。

4. 国际政局因素

国际政治形势的改变，已愈来愈对股价产生敏感反应，随着交通运输的日益便利，通信手段、方法的日益完善，国与国之间、地区与地区之间的联系越来越密切，世界从独立单元转变成相互影响的整体，因此一个国家或地区的政治、经济、财政等结构将紧随着国际形势改变，股票市场也随之变动。

5. 市场技术因素

所谓市场技术因素，指的是股票市场的各种投机操作、市场规律以及证券主管机构的某些干预行为等因素。其中，股票市场上的各种投机操作尤其应当引起投资者的注意。

6. 社会心理因素

社会公众心理因素即投资者的心理变化对股票市价有着很大影响。

7. 市场效率因素

市场效率因素主要包括以下几个方面：

（1）信息披露是否全面、准确。

（2）通信条件是否先进，从而决定信息传播是否快速准确。

（3）投资专业化程度，投资大众分析、处理和理解信息的能力、速度及准确性。

实训练习 1

收集 2014—2015 年的财政政策与货币政策以及汇率的变化、并分析财政政策的变动对证券市场价格有何影响、货币政策的变动对证券市场价格有何影响、汇率的变动对证券市场价格有何影响。

实训过程：

实训总结和心得体会：

第二节 行业分析（中观分析）

一、行业的划分方法

（一）道琼斯分类法

将股票分为三类即工业、运输业、公用事业。在道琼斯指数中，工业包括了采掘业、制造业和商业；运输业包括航空、铁路、汽车运输和航运业；公用事业包括电话、煤气、电力。

（二）我国国民经济行业分类

1. 按三次产业分

第一产业：农业（农、林、渔）；

第二产业：工业（采掘业、制造业、自来水、电力、蒸汽、热水、煤气）、建筑业；

第三产业：社会经济活动的其余部分，主要是流通部门与服务业。

2. 按行业所处生命周期分

可分为新兴行业、朝阳行业、成熟行业和夕阳行业。

行业生命周期：一个行业所经历的从产生、发展到衰退的演变过程称为行业的生命周期。

①形成阶段：在初创阶段，投入成本较高，市场需求相对较小，销售收入不高，投资风险较大，投资的收益可能较低。

②成长阶段：生产技术开始成熟，有可能出现企业的破产和合并（生产厂商良莠不齐，不断有劣势企业被淘汰），投资回报较高，利润增长幅度较大。

③成熟阶段：行业利润稳定但增长不高，整体风险稳定在一定水平。成熟行业竞争激烈，成长率不高。

④衰退阶段：市场开始出现饱和，整体利润率下降，行业公司减少。此时行业开始寻求资产重组以转移剩余的资产或获得新的成长机会。比如：纺织行业。

投资者分析行业所处生命周期的目的是挑选出有较高投资回报的行业进行投资，因此，通常会选择具有高增长率的、处于成长阶段的行业，以期获得较高的资本利得。需要说明的是，只有那些分析准确，并且领先于市场反应的投资者才能获得丰厚的收益。如果这种行业的股票价格已经反映了其高成长的可能性，那么即使投资者准确预测，同等的风险条件下，也难以取得较好的投资业绩。

二、行业的特征分析

（1）行业经济结构分析

1. 完全竞争

是指许多企业生产同质产品的市场情形。

完全竞争的特点是：

①生产者众多，各种生产资料可以完全流动；

②产品不论是有形或无形的，都是同质的，无差别的；

③没有一个企业能够影响产品的价格；

④企业永远是价格的接受者而不是价格的制定者；

⑤企业的盈利基本上由市场对产品的需求来决定；

⑥生产者和消费对市场情况非常了解，并可自由进入或退出这个市场。

从上述特点可以看出，完全竞争是一个理论性很强的市场类型，其根本特点在于所有的企业都无法控制市场的价格和使产品差异化。

在现实经济中，完全竞争的市场类型是少见的，较接近完全竞争行业主要是初级产品行业。该类行业产品的附加值低，技术含量低。投资壁垒很少，进入成本很低。企业间的竞争十分激烈，投资风险很大。但这类行业中的某些极少数企业有可能日后成为该行业的霸主，也使该行业演变成垄断竞争的行业。因此，在完全竞争行业中，选择今后有可能成为该行业霸主的企业进行投资，就会获得很高的收益。

2. 垄断竞争

是指许多生产者生产同品种但不同质产品的市场情形。

垄断竞争的特点是：

①生产者众多，各种生产资料可以流动；

②生产的产品同种但不同质，即产品之间存在着实际或想象上的差异它是垄断竞争与完全竞争的主要区别；

③由于产品差异性的存在，生产者可以树立自己产品的信誉，从而对其产品的价格有一定的控制能力。

垄断竞争行业现实中主要以制造品为主，产品的附加值和技术含量存在较大的差异，少数企业因其巨大的市场占有率、驰名的品牌、良好的公众形象，在市场中占有垄断地位。在垄断竞争行业中，一定选择占有垄断地位的企业进行投资。

3. 寡头垄断

是指相对少量的生产者在某种产品的生产中占据很大市场的份额的情形。

在寡头垄断的市场上，由于这些少数生产者的产量非常大，因此他们对市场的价格和交易具有一定的垄断能力。同时，由于只有少量的生产者生产同一种产品，因而每个生产者的价格政策和经营方式及其变化都会对其他生产者形成重要影响。因此，在这个市场上，通常存在着一个起领导作用的企业，其他企业随该企业定价与经营方式的变化而相应地进行某些调整。资本密集型、技术密集型产品，如钢铁、汽车等，以及少数储量集中的矿产品如石油等的市场多属这种类型，因为生产这些产品所必需的巨额投资、复杂的技术或产品储量分布限制了新企业对这个市场的侵入。

钢铁行业和制药行业同属于寡头垄断行业，钢铁行业属于夕阳产业，而制药行业则属于朝阳产业。在寡头垄断行业中，就要选择朝阳产业进行投资。

4. 完全垄断

是指独家企业生产某种物质产品的情形，特质产品是指那些没有或缺少相近的替代品的产品。

完全垄断可分为两种类型：政府完全垄断，如国有铁路、邮电等部门。私人完全垄断，如根据政府授予的特许专营或根据专利产生的独家经营，以及由于资本雄厚、技术先进而建立的排他性的私人垄断经营。

完全垄断市场类型的特点是：

①由于市场被独家企业控制，产品又没有或缺少合适的替代品，因此，垄断者能够根据市场的供需情况制定理想的价格和产量，在高价省销和低价多销之间进行选择，以获取最大的利润。

②垄断者在制定产品的价格与生产数量方面的自由性是有限度的，它要受到反垄断法和政府管制的约束。

在现实生活中，完全垄断行业主要以公用事业、大型基础建设、独有技术产业为主，产品单一，投资壁垒很大，进入成本很高，企业数量很少。这类行业一般又分为两类，一类是以公用事业、大型基础建设为代表的长期收益稳定、风险较小的行业；另一类是以高科技为主的风险巨大、收益极不稳定，高风险、高收益的完全垄断的新兴产业。在完全垄断行业中，稳健的投资者可以选择以公用事业为主；而敢于冒高风险，追逐高利润的投资者可以选择以高科技为主的新兴产业。

市场结构的几种形式的对比如表 4-1 所示。

表 4-1　　行业经济结构

市场结构	厂商数量	产品差异	厂商对价格控制
完全竞争	多	产品同质（如初级产品）	无控制能力
垄断竞争	多	产品存在实际上或想象上差异（如制成品）	同上
寡头竞争	少	同质或略有差异（如钢铁、汽车、石油等）	有相当控制能力
完全垄断	一家	单一产品（如水电等公用事业）	很大控制能力

这四种类型的市场结构竞争程度是递减的。一般来说，竞争程度越高，投资壁垒越少，进入成本越低，其产品利润受供求关系影响越大；反之，垄断性行业投资获利好，风险小，但投资壁垒多，投资机会少，进入成本高。

（二）经济周期与行业分析

（1）增长型行业：这些产业收入的增加主要依靠技术进步、新产品推出及更优质的服务，因此其股票价格受经济周期影响较小。如计算机、生物工程等高新技术产业。

（2）周期型行业：这些产业与经济周期关系密切，当经济处于上升时期，这些行业紧随其扩张；当经济衰退，这些行业也随之衰退。如服务业、耐用品制造业。

（3）防守型行业：这些行业产品需求稳定，不受经济周期影响。如日常用品的生产行业、公用事业。

周期型行业股票是顺势而为的投资品种，买入并长期持有不是最聪明的策略；防守型行业股票是市况不佳时的选择，与周期型股票形成互补；而成长型行业股票带给投资者的回报最多，但也要相应承担更大的风险，是风险承受能力较强和有专业背景的投资者可以深度介入的品种。

（三）行业生命周期分析

行业生命周期的各时期的特点如表 4-2 所示。

表 4-2　　　　　　　　　　　　　　行业生命周期

	初创期	成长期	稳定期	衰退期
厂商数量	很少	增多	减少	很少
利润	较低或亏损	增加	无大变化	减少或亏损
风险	较高	较高	减少	较高

一般来说，在投资决策过程中，投资者应选择增长型的行业和在行业生命周期中处于成长期和稳定期的行业，所以要仔细研究欲投资公司所处的行业生命周期及行业特征。

（四）影响行业兴衰的主要因素

1. 影响行业兴衰的主要因素

（1）需求

需求是人类社会发展的原动力。如果市场上存在未得到满足的潜在需求，而技术进步可以推出相应的产品，那么就会有企业进行生产，导致新行业的诞生。因此，也可以说，新行业的诞生过程实际上就是发现和满足社会潜在需求的过程。也正因为如此，新行业的产生通常以新技术或新产品作为其序幕。同时，只有新产品的生产达到一定的规模，才能成为一个行业。因为通常只有潜在需求达到相当的规模，许多企业可以同时进行专业化生产，有利可图时，企业才可能进行投资，行业才有可能形成。因此，新产品相当规模的潜在需求的存在和逐步实现是新行业诞生的一个重要条件。而需求的稳定和饱和又推动行业进入生命周期的成熟阶段和衰退阶段，需求的总量决定了行业成熟后的总体规模。

（2）技术进步

技术进步是推动行业发展的一个重要因素。一方面，如果没有技术进步以创造出新产品，而只存在社会潜在需求，是不可能形成一个新的行业，因此通常是伴随着新技术的诞生而形成一个新的行业；同时，新技术通常会大大提高新行业的生产效率，降低生产成本，加速行业的生长扩张，使行业进入成长阶段。另一方面，技术进步又会给一些旧的行业带来很大的冲击，使消费者对其行业产品的需求大大降低，从而使该行业走向衰退。

当今世界处在一个科技飞速发展的时代，新的科学发明层出不穷，科学理论向技术转化的速度大大加快。这为经济的快速发展奠定了强大的技术基础，同时也大大促进了行业的更新和升级，加速一些旧的行业的衰退，甚至消亡。

（3）政府方面的因素

自凯恩斯主义诞生以来，各国政府都加强了对经济的宏观调控，虽然不同国家的调控力度和手段有所不同。因此，实际上各国的每一种行业都受到不同程度的政府因素的影响。

政府对经济进行宏观调控的目的主要在于维护市场的公平竞争，促进经济的健康稳定和可持续发展。政府因素对行业的影响主要体现在以下两个方面：①对一些行业的管制。例如，我国政府对“与大众利益紧密相关”的行业都进行了相应的管制。受管制的行业主要有：公用事业，如煤气、电力、电信、邮电、自来水等；交通运输业，如铁路、公路、航空、航运和管道运输等；金融业，如银行与非银行金融机构、保险公司等；还有国防行业、教育行业等。不同的管制程度对各行业的发展和净利润的影响是不同的。②政府的产业政策。产业政策是一国关于产业发展的所有法令与法规的综合，对行业的发展具有很大的影响。如果某个行业属于国家鼓励发展的产业，可能受到政府各种优惠政策的扶持，那么该行业的前景就比较光明；反之，如果某行业是政府限制发展的产业，那么其前景就将比较暗淡。

（4）社会习惯的变化

最后，社会习惯的变化也会对行业的发展造成一定的影响。社会习惯如生活习惯、消费习惯等会对居民的消费、储蓄、投资等多方面产生影响，进而影响到行业的兴衰。例如，随着居民收入的提高和生活质量的改善，绿色食品逐渐受到人们的青睐。而大众环保意识的加强则会推动环保产业的迅速发展。

（五）行业的竞争

行业的竞争强度决定了一个行业维持较高收益的能力，因此，在进行行业分析时，还必须考虑到行业的竞争情况。显然，如果一个行业面临着激烈的竞争，那么即使该行业有较高的收益率，这种情况也不可能维持很久。

一个行业所面临的竞争主要包括以下五个方面：新进入公司的威胁、行业内企业间的竞争、替代品的竞争、购买者讨价还价的能力以及供应商讨价还价的能力。

1. 新进入公司的威胁

行业内新公司的进入会对产品价格和行业原有公司的利润造成巨大的压力，有时甚至是新公司还没有进入该行业，仅仅其进入威胁就会给行业产品的价格带来很大的压力。因此，新进入公司会对行业整体的利润水平造成很大的影响，而行业进入壁垒则是阻止或延缓新公司进入的一个有效方式或手段，因此行业进入壁垒是行业获利能力的重要决定因素。行业进入壁垒可以有多种形式。例如，现有公司通过长期商业关系建立起来的比较成熟固定的购销渠道；公司的商标、专利和版权等知识产权；初始的巨额投资等都是行业进入壁垒。

2. 行业内公司间的竞争

当某行业中存在较多的公司时，这些公司为了扩大各自的市场份额就会进行激烈的竞争，这种竞争通常都会导致价格战，从而降低了边际利润。如果行业本身的增长就比较缓慢，那么相互间的竞争就会更加激烈，因为此时要扩大市场份额就意味着必须掠夺其他公司的市场份额。

如果该行业内公司所需进行的固定成本投资巨大，需要大规模生产才能盈利；又或者该行业内的公司所生产的产品几乎是同质的，产品差异性很小，那么行业内公司间的竞争就会给产品价格带来极大的压力，因为这时候的竞争就几乎只能是很激烈的价格竞争。

3. 替代品的竞争

如果某行业的产品存在着替代品，那么就表明该行业的公司还必须与相关行业的公司展开竞争。因此，替代品的存在无形中给该行业的产品价格施加了压力，影响该行业的利润水平。

4. 购买者讨价还价的能力

如果对某个行业来说，有限的几个购买者采购了其所生产的绝大部分产品，那么这些购买者就拥有极强的讨价还价的能力，会压低该行业产品的价格，从而影响该行业的利润水平。

一个很典型的例子就是生产汽车零部件的行业，由于汽车零部件的购买者通常都只有少数的几家汽车公司，因此，这些汽车公司具有很强的讨价还价能力，会压低汽车零部件的价格，影响汽车零部件行业的盈利水平。

5. 供应商讨价还价的能力

如果对某行业来说，其一些重要原料或关键部件的供应商只有少数几家，处于垄断地位，也就是说，供应商就具有很强的讨价还价能力，可以抬高其供应的产品的价格，那么该行业的利润水平就会受到较大的影响。

6. 行业的收益性与成长性分析（同公司财务分析）

（1）行业收益性分析

①平均每股收益

②平均每股净资产收益率分析

③平均主营利润率分析

（2）行业成长性分析

①平均主营收入增长率分析

②净利润增长率分析

③主营利润增长率分析

实训练习 2

请同学选择一个行业，分析该行业生命周期的基本原理，领会影响行业生命周期的各种因素、应用行业生命周期的变动分析其对股价的影响。

实训过程：

实训总结和心得体会：

第三节　公司因素分析（微观因素）

一、上市公司素质分析

1. 公司竞争地位分析

（1）科技开发水平。决定公司竞争地位的首要因素。

（2）经营方式：单一经营和多种经营。

（3）产品与市场开拓能力和市场占有率：要看重点产品、拳头产品和主导产品的生命周期。

（4）新产品开发程度。产品只有不断更新企业才能处于有利的竞争地位。

（5）公司发展潜力分析。

2. 公司盈利状况和股息派发政策分析对此点应注意如下几点：

（1）股价变动往往在盈利变动之前发生变化。

（2）股价受盈利水平变化而变化是在事先在波动中进行的。

（3）盈利公布时，股价反映公司盈利水平与市场预期之间的差异程度。

（4）股价变化幅度往往高于盈利变化幅度。

3. 公司经营管理能力分析

（1）管理人员的素质及能力分析。只要是对决策层、管理层和执行层管理人员的素质分析。

（2）企业经营效率分析。包括对维持本公司竞争地位的能力、扩张能力、保持较高毛利率的能力、合理融资能力的分析。

（3）内控效率分析。指对企业的制度完善程度的分析。

（4）人事管理效率分析。指对用人机制的分析（如任人唯贤）。

（5）公关能力：包括树立企业形象、产品宣传、广告促销、对外协调与合作。

二、上市公司财务状况分析

1. 连续的披露财务信息与相关信息

（1）数量信息以货币的形式反映公司所涉及的各种经济活动的历史信息。

（2）非数量信息对公司会计信息重大变化的说明。

（3）其后事项信息一些不确定的事项直接影响以后财务报表对未来收益计价的影响，这类信息提供必要的说明。

（4）关联业务的信息如联营企业跨地区多元化经营，上市公司也应公布这些信息数据。

（5）其他关联信息发行、上市交易过程中，披露股票持股情况，公司发展情况，股本结构变动，资金投向等信息。

2. 财务状况分析法

（1）差额分析法又叫绝对分析法，通过数据的差额分析上市公司财务状况和经营成果。

（2）比率分析法又叫同期的相关数据用比率分析评价公司经营活动。把历史与现实状况加以比较的重要分析方法。

（3）比较分析法又叫趋势分析法，对财务报表中的数据按不同时期，不同的公司相比较，与标准化的距离相比较来确定公司发展的趋势。

三、上市公司财务状况分析的指标运用

1. 资本结构分析：

（1）资产负债率=负债总计/资产总计

这一指标反映了公司负债经营的程度，表明债权人的资金所占比重的高低，以及借款人资产对债权人权益的保障程度。该指标越低，负债越轻则偿债压力小，融资空间大，风险小。反之风险大，但应控制在一个合理的水平为50%左右，提高融资能力。在总负债率低的情况下，还存在一个负债结构合理的问题，若为扩大投资长期负债比重过大，则偿债压力大会影响企业资产变现能力，不能应付意外，容易引起债务危机。

（2）资本化比率=长期负债合计/（长期负债合计+所有者权益合计）

这一指标反映公司负债的资本化程度，指标值小则负债的资本化程度低，只要运用合理也可以利用长期负债来抵补公司自有资金的不足。

（3）固定资产净值率=固定资产净值/固定资产原值

该指标反映了固定资产的新旧程度，指标高设备新经营条件好，固定资产利用率高。

2. 偿债能力分析

（1）短期偿债能力分析：

①流动比率=流动资产/流动负债

反映了流动资产与流动负债的比率关系，每元流动负债究竟有几元流动资产来抵偿，不同行业指标差异大。流动比率过低，资金周转会发生困难，短期偿债能力就差。反之过高则资金的使用效率不高。国际上一般以 2 表示流动资产至少有 50%可以等于流动负债。

②速动比率=（流动资产-存货）/流动负债=（现金+短期有价证券+应收账款净额）/流动负债

之所以要在流动资产中扣除存货这一项，是因为有时候存货并不是一种易变现的资产，有些存货容易因过时或变质而失去价值；有些存货已抵押给某些债权人，不能变现；存货估价存在着成本与合理市价相差悬殊的问题。由于这些原因的存在，在分析公司短期偿债能力时，应该扣除这种存货，才能真正反映公司的短期偿债能力。例如，服装业的存货容易出现过时而失去原有的价值；制酒业中的酒存货，可能在出售前需要储存一段比较长的时期，才能卖比较高的价钱，短期内也不容易变现。因此，在分析它们的短期偿债能力时，需要扣除相应的存货。

该指标比流动比率更能说明企业短期资金运用的状况，指标高说明企业在短期内支付能力强，变现能力强。

③现金对流动资产的比率=现金及等价物/流动资产

现金对流动负债的比率=现金及等价物/流动负债

这两个指标也是补充以上的指标，表明资金的流动性强弱。

④应收账款周转率=赊销净额/应收账款平均余额

该指标表明会计年度内应收账款转化为现金的平均次数，比率高则表示应收账款及时收回，坏账少，偿债能力强。它弥补了流动比率与速动比率的不足。

⑤存货周转率=营业成本/存货平均余额

衡量企业存货周转速度的快慢，快则存货下降，资产变现风险小，资本利用率高。慢则库存积压，资金积压。

（2）长期偿债能力分析：反映企业长期债务状况

①股东权益比率=股东权益总额/资产总额

股东权益比率高就不会受到偿债的重压，偿债风险小，也减少债务利息负担。但有的企业属朝阳企业的扩张期，效益好、信誉高容易筹资，则应多方权衡。

②长期负债比率=长期负债/资产总额

表明企业债务的总体状况。在经济的繁荣期，偿债期限长债务稳定。但在经济衰退期，偿债风险加强，到期会因没有足够的资金偿债而陷入债务危机中。

3. 经营能力分析

这是衡量企业资产运作和管理效率的财务指标。

具体有现金周转率、应收账款周转天数、存货周转天数、营业周期、总资产周转率五种指标。

这些指标表明周转快的企业的效率更高，经营能力强，资金利用率高。

4. 获利能力分析

获利能力的考察主要是利用损益表数据进行判断，收入与费用是决定获利能力的基本因素。主要指标包括：

（1）主营业务利润率=主营业务利润/主营业务成本

该指标表明企业利润增减的幅度，业绩好利润率增幅大。但这一指标受产品售价、数量、成本的影响，考核应在同行业一般水平上进行比较。

（2）销售净利率=净利/销售收入

表示销售收入的收益水平，它的高低与销售费用高低关系密切，有利于考核企业经营管理水平。

（3）资产收益率=净利润/平均资产总额

反映了企业资产利用的程度，指标越高说明有限的资金投入获最大的收益。指标越高资产利用率越高，并可以了解企业经营状况中存在的问题。

（4）市盈率=每股市价/每股收益

该指标是市场评价公司股价水平是否合理的指标。市盈率高，市场上受人们追捧，原因有企业发展潜力受人瞩目，或存在购并重组的题材。在新兴的发展中国家的市场上投机促使市盈率升高，价格背离价值难以回归。但是市盈率的高低变化确实在一定程度上反映了公司的市场属性、经营前景。即使是在一个成熟的、理性的、规范化的市场上市盈率普遍偏低，也可以通过横向比较来了解股票投资的价值。

5. 杜邦分析

权益报酬率（权益净利率，也是净资产利润率）是财务分析的主线和龙头指标，最综合、最具代表性。

（1）从杜邦分析体系的核心指标（净资产收益率）和三个因素之间的关系来分析

$$\begin{aligned}\text{权益报酬率(净资产利润率)} &= \text{资产报酬率} \times \text{权益乘数}\\ &= \frac{\text{净利润}}{\text{股东权益(净资产)}} = \frac{\text{净利润}}{\text{总资产}} \times \frac{\text{总资产}}{\text{股东权益}}\\ &= \frac{\text{净利润}}{\text{销售收入}} \times \frac{\text{销售收入}}{\text{总资产}} \times \frac{\text{总资产}}{\text{股东权益}}\\ &= \text{销售净利润率} \times \text{总资产周转率} \times \text{权益乘数}\end{aligned}$$

$$\begin{aligned}\text{资产净利润率} &= \text{销售净利润率} \times \text{总资产周转率}\\ &= \frac{\text{净利润}}{\text{销售收入}} \times \frac{\text{销售收入}}{\text{总资产}}\end{aligned}$$

即：净资产收益率（净资产利润率）= 销售净利润率×总资产周转率×权益乘数，其中销售净利率反映的是获利能力，总资产周转率反映的是营运能力，权益乘数的是反映的是企业的偿债能力。

（2）注意其中的权益乘数的分析

权益乘数=总资产÷所有者权益=总资产÷（总资产−总负债）= 1÷（1−资产负债率）= 1+产权比率

产权比率=负债总额÷所有者权益；权益乘数=资产总额÷所有者权益

$$1+\text{产权比率}=1+\frac{\text{负债总额}}{\text{所有者权益}}=\frac{\text{资产总额}}{\text{所有者权益}}=\text{权益乘数}$$

产权比率越大，权益乘数越大；资产负债率越高，权益乘数越大。所以这三个反映企业长期偿债能力的指标的变动方向是一致的。

产权比率=负债总额÷所有者权益；权益乘数=资产总额÷所有者权益

$$1+\text{产权比率}=1+\frac{\text{负债总额}}{\text{所有者权益}}=\frac{\text{资产总额}}{\text{所有者权益}}=\text{权益乘数}$$

【例 4-1】已知某公司 2014 年会计报表的有关资料如下（表 4-3）：

表 4-3　　　　　　　　　　　　资料　　　　　　　　　　　　单位：万元

资产负债表项目	年初数	年末数
资产	8 000	10 000
负债	4 500	6 000
所有者权益	3 500	4 000
利润表项目	上年数	本年数
销售收入净额	略	20 000
净利润	略	500

要求：

（1）计算杜邦财务分析体系中的下列指标（凡计算指标涉及资产负债表项目数据的，均按平均数计算）：

①净资产收益率；

②资产净利润率（保留三位小数）；

③销售净利润率；

④资产周转率（保留三位小数）；

⑤权益乘数。

（2）用文字列出净资产收益率与上述其他各项指标之间的关系式，并用本题数据加以验证。

【答案】

（1）计算杜邦财务分析体系中的下列指标（凡计算的指标涉及资产负债表项目数据的，均按平均数计算）：

①净资产收益率 $=\dfrac{500}{(3\ 500+4\ 000)\div 2}\times 100\%=13.33\%$

②资产净利润率（保留三位小数）$=\dfrac{500}{(8\ 000+10\ 000)\div 2}\times 100\%=5.556\%$

③销售净利润 $=\dfrac{500}{20\ 000}\times 100\%=2.5\%$

④资产周转率（保留三位小数）$=\dfrac{20\ 000}{(8\ 000+10\ 000)\div 2}=2.222$（次）

⑤权益乘数 $=\dfrac{1}{1-\dfrac{(6\ 000+44\ 500)\div 2}{(10\ 000+8\ 000)\div 2}}=2.4$

（2）用文字列出净资产收益率与上述其他各项指标之间的关系式，并用本题数据加以验证。

净资产收益率＝销售净利润率×资产周转率×权益乘数

＝2.5%×2.222×2.4＝13.33%

6. 现金流量分析

现金流量分析是指某一时期内公司现金流出入的数量与净差。现金流量发生在筹资、投资、经营活动的领域，其净差反映了公司现金状况，能反映企业经营状况的好坏，偿债能力的强弱。

（1）经营性现金流量状况分析：反映了企业日常现金的流转，企业应经常保持经营活动中现金的较大流入来保证资金的正常循环。它同时也是银行考察企业短期偿债率的重要指标。了解现金在销售回笼与利润实现中的现金所占的比重，以及偿债保证中现金流量的大小。从各个方面了解企业经营性现金流量的状况是否正常。

（2）投资活动的现金流量状况分析：在不同的行业与不同的投资期现金流量表现不同。

在投资规模大的初创期现金流动表现为大量净流出，但在成熟期、回收期现金流量出现大量的净流入。由于投资过程具有连续性，因而在投资领域现金一般不大量流入，除非固定资产被大量变卖回收等。由于我国正处在股份制改造的过程，企业处在扩张投资阶段，现金净流入少而蕴涵了较大的风险。在经济不景气时，有些企业为了获得增配资金往往用扩大投资来虚增利润，从而获得配股权。但我们可以从现金流量表中现金流出入来自何处进行分析，揭示现金流量不正常背后，企业经营的真实状况。

（3）筹资活动的现金流量分析：在企业的初创期筹资的规模大，出现现金的净流入多，在企业到期偿还贷款发放现金股息时，现金流转以流出为主。但在企业经营、投资状况都不好的情况下，大量的筹资活动促使现金大量的流入，而整体现金流量的结果却表现为均衡，即余额少，有可能借新还旧债。因此现金流量的不正常状况说明了企业债务沉重，信用状况不佳。

通过以上三方面的考察可以了解企业现金流动的方向，究竟是为了扩大经营筹资引起的现金需要，还是发放股利的需要以及偿还流动负债支付债息的需要，我们可作综合性的评价。

7. 其他重要指标分析：

（1）每股净资产=净资产/普通股股数

该指标从理论上反映了股票的最低投资价值，两种情况：一种股价低于净资产，公司面临破产清算。另一种股价被严重低估，一些表面的因素掩盖了股价的内在价值。

（2）每股收益=（净利润-优先股股利）/发行在外的普通股平均股数。该指标反映了年度内平均每股普通股所获赢利。

（3）市净率=股票的市场价格/每股净资产。该指标反映股票市场价格与净资产的偏离程度。

实训练习 3

请同学分组讨论财务分析的主要内容，并形成书面记录。

实训过程：

____

____

____

____

____

____

实训总结和心得体会：

实训练习 4

请同学选择一家上市公司，并对其进行公司财务分析，并形成详细书面记录。

实训过程：

实训总结和心得体会：

第五章 证券投资技术分析实训篇

■本章简介

证券投资技术分析是证券投资分析中的重要内容，包括K线图的运用，各种趋势分析，各种技术分析指标的应用法则等。本章将对这些技术进行了分析。

■学习目标

1. 掌握K线图及其运用。
2. 熟悉各种趋势分析的方法及运用。
3. 了解波浪理论的基本分析方法。
4. 熟悉各种技术分析指标的计算方法与一般应用法则。

第一节 K线图与量价分析方法

K线图也叫蜡烛图、阴阳线，是我国证券投资技术分析最主要的分析工具；根据时间的长短，K线分为5分钟、15分钟、30分钟、60分钟、日、周、月甚至年K线。

一、K线的基本形态

日K线是根据股价（指数）一天走势中形成的四个价位：开盘价、收盘价、最高价、最低价绘制而成的。

（1）收盘价高于开盘价时，则开盘价在下，收盘价在上，二者之间的长方柱用红色或空心绘出，称为阳线；其上影线的最高点为最高价，下影线的最低点为最低价。

（2）收盘价低于开盘价时，则开盘价在上，收盘价在下，二者之间的长方柱用黑色或实心绘出，称为阴线；其上影线最高点为最高价，下影线的最低点为最低价。

二、基本的K线形态及分析意义

从单独一根K线对多方和空方优势进行衡量，主要依靠实体的阴阳长度和上下影线的长度：一般说来，上影线越长、下影线越短、阴线实体越长，越有利于空方占优，不利于多方占优；上影线越短、下影线越长、阳线实体越长，越有利于多方占优，而不利于空方占优；上影线和下影线的长度比较的结果，也影响多方和空方取得优势。上影线长于下影线、利于空方；反之，下影线长于上影线利于多方。根据 K 线形状，也就是 K 线的长度、上下影线与实体的长度比例、阴阳性质等，即根据开盘价与收盘价的波动范固对 K 线进行分类，可将 K 线分为极阴、极阳，小阴小阳、中阴、中阳，大阴、大阳等线型。

第二节 葛兰碧量价关系理论

该理论是目前对成交量与股价趋势关系描述较为全面的一种理论。

一、葛兰碧量价关系理论的九条法则

（1）价格随着成交量的递增而上涨，是市场行情的正常特性，此种量增价升的关系，表示股价将继续上升。

（2）在一个波段的涨势中，股价随着递增的成交量而上涨，突破前一波的高峰，创下新高价，继续上扬，然而此段股价上涨的整个成交量水准低于前一个波段上涨的成交量水准。在此时股价创出新高，但量却没有突破，则此段股价涨势令人怀疑，同时，也是股价趋势潜在的反转信号。

（3）股价随着成交量的递减而回升，股价上涨，成交量却逐渐萎缩，成交量是上升的原动力，原动力不足显示出股价趋势潜在的反转信号。

（4）有时股价随着缓慢递增的成交量而逐渐上升，渐渐的走势突然成为垂直上升的喷发行情，成交量急剧增加，股价跃升暴涨；紧随着此波走势，继之而来的是成交量大幅萎缩，同时股价急速下跌，这种现象表明涨势已到末期，上升乏力，显示出趋势有反转的迹象。反转所具有的意义，将视前一波股价上涨幅度的大小及成交量增加的程度而言。

（5）股价走势因成交量的递增而上升，是十分正常的现象，并无特别暗示趋势反转的信号。

（6）在一波段的长期下跌形成谷底后，股价回升，成交量并没有随股价上升而递增，股价上涨欲振乏力，然后再度跌落至原先谷底附近，或高于谷底，当第二谷底的成交量低于第一谷底时，是股价将要上升的信号。

（7）股价往下跌落一段相当长的时间，市场出现恐慌性抛售，此时，随着日益放大的成交量，股价大幅度下跌；继恐慌卖出之后，预期股价可能上涨，同时恐慌卖出所创的低价将不可能在极短的时间内突破。因此，随着恐慌大量卖出之后，往往是空投市场的结束。

（8）股价下跌，向下突破股价形态，趋势线或移动平均线同时出现了大成交量，是股价下跌的信号，明确表示出下跌的趋势。

（9）当市场行情持续上涨数月之后，出现急剧增加的成交量而股价却上涨无力。

在高位整理，无法再次向上大幅上升，显示了股价在高位大幅震荡，抛压沉重，

上涨遇到了强阻力。此为股价下跌的先兆，但股价并不一定会必然下跌。股价连续下跌之后，在低位区域出现大成交量，股价却没有进一步下跌，仅出现小幅波动，此即表示进货，通常是上涨的因素。

二、涨跌停板制度下的量价关系分析

由于涨跌停板制度限制了股票一天的涨跌幅度，使多空头的能量得不到彻底的宣泄，容易形成单边市。很多投资者存在追涨杀跌的意愿，而涨跌停板制度下的涨跌幅度比较明确，在股票接近涨幅或跌幅限制时，很多投资者可能经不起诱惑，挺身追高或杀跌，形成涨时助涨、跌时助跌的趋势。而且涨跌停板的幅度越小，这种现象就越明显。目前，在沪深证券市场中，ST 板块的涨跌幅度由于被限制在 5%，因而它的投机性也是非常强的，涨时助涨、跌时助跌的现象最为明显，很多股票会形成单边市，出现连续涨停板或跌停板，股价波动较为剧烈。

在实行涨跌停板制度下，大涨和大跌的趋势继续下去，是以成交量大幅萎缩为条件的。

拿涨跌停板时的成交量来说，在以前，看到价升量增会以为价量配合好，涨势形成或会继续，可以追涨或继续持股；如果上涨时成交量不能有效配合放大，说明追高意愿不强，涨势难以持续，应不买或抛出手中股票；但在涨跌停板制度下，如果某只股票在涨停板时没有成交量，那是因为卖方目标更高，想今后卖出好价，因而不愿意以此价抛出，买方买不到，所以才没有成交量。第二天，买方会继续追买，因而会出现续涨。然而，当出现涨停后中途打开，而成交量放大时，说明想卖的投资者增加，买卖力量发生变化，下跌有望。

在涨跌停板制度下，量价分析基本判断为：

· 涨停量小，将继续上涨；跌停量大，将继续下跌。

· 涨停中途被打开次数越多、时间越久、成交量越大，则反转上升的可能性就越大。

· 涨停关门时间越早，次日涨势可能性越大；跌停关门时间越早，次日跌势可能性越大。

· 封住涨停板的买盘数量大小和封住跌停板时卖盘数量大小说明买卖盘力量大小。这个数量越大，继续当前走势的概率越大，后续涨跌幅度也就越大。

第三节　趋势分析

一、趋势的含义与类型

简单地说，趋势就是股票价格的波动方向，或者说是股票市场运动的方向。趋势的方向有三个：上升方向；下降方向；水平方向，也就是无趋势方向。

按道氏理论的分类，趋势分为三个类型：主要趋势、次要趋势和短暂趋势。长期趋势是趋势的主要方向。了解股价变动的长期趋势，对于投资者来说是至关重要的。只有了解并掌握了长期趋势，才能真正做到顺势而为。长期趋势是股价变动的大方向，

一般持续时间很长，可达一年甚至几年。中期趋势是股价在运行长期趋势的过程中进行的调整，它一般不会改变长期趋势的发展方向，而是对长期趋势的正常且必要的整理. 短期趋势是股价在短时间内的变动趋势，时间一般很短，短则数小时，长则数天。短期趋势是构成股价中长期变动的细胞和基石，是对中期趋势的调整。

二、支撑线和压力线

支撑线又称为抵抗线。当股价跌到某个价位附近时，股价停止下跌，甚至有可能还有回升空间。这个起着阻止股价继续下跌或暂时阻止股价继续下跌的价格就是支撑线所在的位置。

压力线又称为阻力线。当股价上涨到某价位附近时，股价会停止上涨，甚至回落。这个起着阻止或暂时阻止股价继续上升的价位就是压力线所在的位置。支撑线和压力线的作用是阻止或暂时阻止股价向一个方向继续运动。同时，支撑线和压力线又有彻底阻止股价按原方向变动的可能。一条支撑线如果被跌破，那么这个支撑线将成为压力线；同理，一条压力线被突破，这个压力线将成为支撑线。这说明支撑线和压力线的地位不是一成不变的，而是可以改变的，条件是它被足够强大的股价变动突破。

一般来说，一条支撑线或压力线对当前影响的重要性有三个方面的考虑，一是股价在这个区域停留时间的长短；二是股价在这个区域伴随的成交量大小；三是这个支撑区域或压力区域发生的时间距离当前这个时期的远近。

三、趋势线和轨道线

趋势线是衡量价格波动的方向的，由趋势线的方向可以明确地看出股价的趋势。在上升趋势中，将两个低点连成一条直线，就得到上升趋势线。在下降趋势中，将两个高点连成一条直线，就得到下降趋势线。要得到一条真正起作用的趋势线，要经多方面的验证才能最终确认。首先，必须确实有趋势存在。其次，画出直线后，还应得到第三个点的验证才能确认这条趋势线是有效的。

轨道线又称通道线或管道线，是基于趋势线的一种方法。在已经得到了趋势线后，通过第一个峰和谷可以做出这条趋势线的平行线，这条平行线就是轨道线。两条平行线组成一个轨道，这就是常说的上升和下降轨道。轨道的作用是限制股价的变动范围。对上面的或下面的直线的突破将意味着有一个大的变化。与突破趋势线不同，对轨道线的突破并不是趋势反向的开始，而是趋势加速的开始。轨道线的另一个作用是提出趋势转向的警报。

四、黄金分割线和百分比线

画黄金分割线的第一步是记住若干个特殊的数字，这些数字中 0. 382、0. 618、1. 38 和 1. 618 最为重要，股价极为容易在由这四个数产生的黄金分割线处产生支撑和压力。第二步是找到一个点。某个趋势的转折点就可以作为进行黄金分割的点，这个点一经选定，我们就可以画出黄金分割线了。

百分比线考虑问题的出发点是人们的心理因素和一些整数位的分界点。其中，1/2，1/3，2/3 的这三条线最为重要。

第四节　波浪理论基本原理

一、波浪理论考虑的三个因素

波浪理论主要考虑三个方面的因素：价格形态、高低点比率、价格变动的时间。其中，价格形态最重要。

（1）价格形态。波浪分为 8 浪结构。这是波浪理论赖以生存的基础。或许当初艾略特就是从价格走势的形态中得到启发才提出了波浪理论。

（2）高低点比率。它是指价格走势图中各个高点和低点所处的相对位置。在波浪理论中，一般是指各个浪的长短之间的相对比率。通过计算，可以弄清楚各个波浪长度之间的相互关系，确定价格的回落点和将来价格上升有可能达到的位置。

（3）价格变动的时间。它是指价格完成某个形态所经历的时间长短。知道了时间就可以预先知道何时将出现何种趋势。波浪理论中各个波浪之间在时间上是相互联系的，用时间也可以验证某个波浪形态是否已经形成。

以上三个方面可以简单地说成为：形态、比例和时间。这三个方面是波浪理论首先应该考虑的。只注重形态和比例而忽视时间是不正确的，因为时间因素在进行市场预测时，是不可放弃的。

二、波浪理论的基本形态结构

（1）波浪理论是基本的 8 浪结构。波浪理论认为证券价格应该遵循一定的周期周而复始地发展。价格上下波动是按照某种规律进行的。在波浪理论中每一个周期（无论是上升还是下降）可以分成 8 个小的过程：这 8 个小过程一结束，一次大的行动就结束了。其后，紧接着的将是另一次大的行动。以上升为例说明这 8 个小过程。图 5-1 是上升状态情况下的 8 浪结构图。

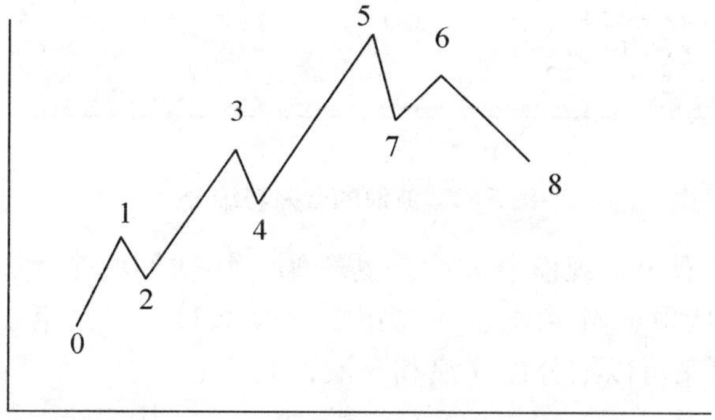

图 5-1　波浪理论的基本 8 浪结构图

（2）主浪和调整浪。图 5-4 中，从 0 到 1 是第一浪，1 到 2 是第 2 浪，2 到 3 是第 3 浪，3 到 4 是第 4 浪，4 到 5 是第 5 浪。这 5 浪中，第 1 浪、第 3 浪和第 5 浪称为上升主浪，而第 2 浪和第 4 浪称为是对第 1 浪和第 3 浪的调整浪。上述 5 浪完成后，紧接着会出现一个 a 到 b 到 c 三浪结构的向下调整，即从 5 到 a 的 a 浪，从 a 到 b 的 b 浪和从 b 到 c 的 c 浪。

（3）8 浪结构与价格波动趋势的规模大小无关。考虑波浪理论必须弄清一个完整周期的规模大小，因为趋势是有层次的，每个层次的不同取法，可能会导致我们在使用波浪理论时发生混乱。但是，应该记住，无论我们所研究的趋势是何种规模，是原始主要趋势还是日常小趋势，8 浪的基本形态结构是不会变化的。

在图 5-4 中，我们可认为，从 0 到 5 是一个大的上升趋势，从 5 到 c 我们可以认为是一个大的下降趋势。如果我们认为这是两浪的话，那么 c 之后一定还会有上升的过程，只不过时间可能要等很长。这里的 2 浪只不过是一个大的 8 浪中的前 2 浪，是更大的 8 浪结构的一部分。

三、波浪的层次与应用

（1）大浪套小浪——浪中有浪。波浪理论考虑股价形态的时间和空间跨度是可以随意而不受限制的，大到可以覆盖从有股票以来的全部时间跨度，小到可以只涉及数小时、数分钟的股价走势。正是由于时间和空间跨度的不同，所以在数 8 浪时，必然会涉及将一个大浪分成很多小浪和将很多小浪合并成一个大浪的问题，这就是每一个浪所处的层次的问题。处于层次较低的几个小浪可以合并成一个层次较高的大浪，而处于层次较高的一个大浪又可以细分成几个层次较低的小浪。当然，层次的高低和大浪、小浪的地位是相对的，对其他层次高的浪来说，它是小浪，而对层次比它低的浪来说，它又是大浪。以上升牛市为例，说明一下波浪细分和合并的原则。图 5-2 是这种细分和合并的图形表示。

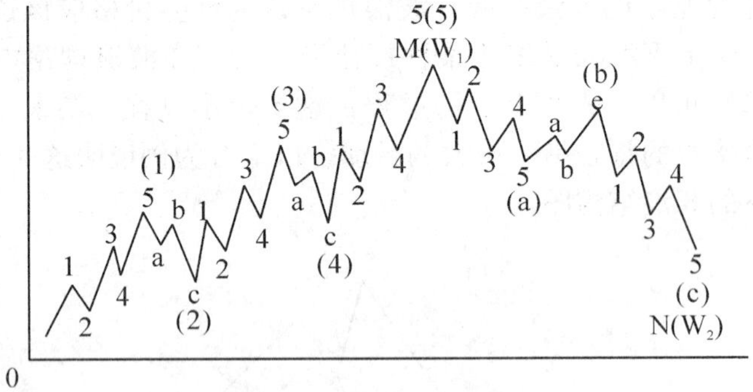

图 5-2 波浪的合并与细分

从图 5-2 中可以看出，规模最大的是处于第一层次的两个大浪，从起点 0 到顶点 M 是第一大浪 W1，从顶点 M 到末点 N 是第二大浪 W2，W2 是第一大浪 W1 的调整浪。第一大浪和第二大浪又可以细分成 5 浪和 3 浪，共 8 浪。

第一大浪可以分成（1）（2）（3）（4）和（5）共 5 浪，而第二大浪可以分成（a）（b）（c）三个浪，这 8 浪是规模处于第二层次的大浪。

第二层次的大浪又可以细分为第三层次的小浪，这就是图中的各个 1、2、3、4、5 以及 a、b、c 数一下可知这样的小浪一共有 34 个。

（2）合并和细分的原则。将波浪细分时，会遇到这样的问题，是将一个较大的浪分成 5 个较小的浪，还是分成 3 个较小的浪呢？这个问题要看这个较大的浪是处在上升还是下降，同时还要看比这个较大的浪高一层次的波浪是上升还是下降。以上两个因素决定这个较大的浪的细分是3浪还是5浪。

在本大浪上升的情况下，如果上一层次的大浪是上升，则分成5浪，上一层次的大浪是下降，则分成3浪；在本大浪是下降的情况下，如果上一层次的大浪是上升，则分成3浪，上一层次的大浪是下降，则分成5浪。

也就是说，如果这一浪的上升和下降方向与它上一层次的上升和下降方向相同，分成5浪，如果不相同则分成3浪。例如，图5-2中的（2）浪，本身就是下降，而（2）的上一层浪第一大浪则是上升，所以（2）浪分成3浪。（8）浪本身就是下降，（a）浪的上一层浪第二大浪也是下降，所以（a）浪分成5浪结构。按照这一原则可以将任何一个浪细分。同样，不管是什么样的证券市场，按照这一原则不断地合并下去，最终，整个过程就会被合并成1个浪或2个浪。

（3）斐波纳奇数列的应用。波浪理论中最重要的斐波纳奇比率有以下几条：

①三个推动浪的某一浪经常会延长，一旦某一浪延长，其他两浪的形式时间和波动幅度均相等。例如，3浪延长，那么1浪和5浪应该相等。

②将1浪乘以1.618，然后加在2浪的底部，可以测量出3浪顶部的最后的最小目标位。

③将1浪的长度乘以3.236（2×1.618），然后分别加载1浪的顶部和底部上，可以估算出5浪的顶部的最大目标位和最小目标位。

④1浪和3浪如果大致相等，5浪就极可能延长，这是5浪的估算方法是，先量出1浪底部到3浪顶部的距离，再乘以1.618，并把结果加在4浪的底部上。

⑤在常态的锯齿形调整浪中，c浪常与a浪的长度相等。

⑥c浪的目标位可以有a浪的长度乘以0.618，然后用a浪的底部减去所得的结果得出。

⑦在平台型调整浪中，b浪如果达到甚至超过a浪的顶部，那么c浪的长度约等于a浪常读的1.618。

⑧在对称三角形中，每一个相继的浪都约等于前一个浪的0.618。

实训练习1

目的：初步掌握证券投资技术分析的基本原理。

场景：在实训室模拟证券投资业务部。

客户身份：对证券市场有投资欲望，但对证券投资的技术分析方法了解很少，希望从基本方法入手，初步掌握证券投资技术的基本原理。

规则与要求：

学生两人一组，一人为客户．一人为客户经理。

客户来到证券公司营业部找到客户经理，希望客户经理能够比较系统地介绍一下证券投资技术分析的最基本原理和方法。客户针对性地向客户经理提出问题：

（1）什么是技术分析，技术分析准确吗？

（2）进行技术分析时应该关注哪些方面？

（3）经常听说的放量上涨、缩量下跌等词是什么意思？

（4）大盘上的红色和绿色的图线是什么，有什么用处？

（5）常听说什么支撑位、压力位等，是什么意思？

客户经理针对这些问题加以回答。

评价：根据小组对问题解释阐述的合理性与准确性，由学生互评和教师总评。

实训过程：

实训总结和心得体会：

实训练习 2

目的：使学生掌握基本的趋势理论和波浪理论内容。

场景：在实训室模拟证券公司营业部。

规则与要求：以小组为单位，对具体的市场情况进行解释。自选某支股票的 K 线走势图，一些投资者在这段时间内对该股票投资是屡买屡套，请用这个图帮助分析投资分析投资中的技术分析失误。从 1990 年到 2005 年我国的股市经历了起起落落，用波浪理论对这 15 年的总体走势进行分析。

评价：根据小组对问题解释阐述的合理性与准确性，由学生互评和教师总评。

实训过程：

实训总结和心得体会：

第五节　基本技术分析指标

一、超买超卖型指标

1. 威廉指标（WMS）

（1）WMS 指标的计算方法。WMS 指标的计算主要是利用分析周期内的最高价、最低价及周期结束的收盘价三者之间的关系展开的。

（2）WMS 的应用法则。WMS 的应用法则也是从两方面考虑：一是 WMS 的数值，二是 WMS 曲线的形状。

①从 WMS 的取值方面考虑：

· 当 WMS 高于 80 时，处于超卖状态，行情即将见底，应当考虑买进。

· 当 WMS 低于 20 时，处于超买状态，行情即将见顶，应当考虑卖出。

· 这里 80 和 20 只是一个经验数字，并不是绝对的。

同时，WMS 在使用过程中应该注意与其他技术指标相配合。在盘整过程中，WMS 的准确性较高；在上升或下降趋势当中，却不能只以 WMS 超买超卖信号作为行情判断的依据。

②从 WMS 的曲线形状考虑。

· 在 WMS 进入低数值区位后（此时为超买），一般要回头。如果这时股价仍继续上升就会产生背离，是卖出的信号。

· 在 WMS 进入高数值区位后（此时为超卖），一般要反弹。如果这时股价仍继续下降，就会产生背离，是买进的信号。

· WMS 连续几次撞顶（底），局部形成双重或三重顶（底），则是卖出（买进）的信号。

2. 相对强弱指标（RSI）

（1）RSI 指标的计算方法。

RSI 的计算公式实际上就是反映了某一阶段价格上涨所产生的波动占总的波动的百分比率，百分比越大，强势越明显；百分比越小，弱势越明显。RSI 的取值介于 0~100 之间。在计算出一日的 RSI 值以后，可采用平滑运算法计算以后的 RSI 值，根据 RSI 值在坐标图上连成的曲线，即为 RSI 线。

由于选用的计算周期的不同，RSI 指标也包括日 RSI 指标、周 RSI 指标、月 RSI 指标、年 RSI 指标以及分钟 RSI 指标等各种类型。经常被用于股市研判的是日 RSI 指标和周 RSI 指标。虽然它们在计算时的取值有所不同，但基本的计算方法一样。

（2）RSI 的运用法则。

①RSI 的数值发出的信号。将 100 分成 4 个区域，根据 RSI 的取值落入的区域，发出相应的操作信号，如表 5-1 所示：

表 5-1　　　　　　　　　　　　　RSI 的数值信号

RSI 值	市场特征	投资操作信号
80~100	极强	卖出信号
50~80	强	买入信号
30~50	弱	卖出信号
0~20	极弱	买入信号

“极强”与“强”的分界线和“极弱”与“弱”的分界线是不明确的，它们实际上是一个区域。比如也可以取 30、70 或者 25、75 等：分界线位置的确定与 RSI 的参数和选择的股票有关：一般而言，参数越大，分界线离 50 越近；股票越活跃，RSI 所能达到的高度越高，分界线离 50 应该越远。

②两条或多条 RSI 曲线的交叉信号。我们称参数小的 RSI 为短期 RSI，参数大的 RSI 为长期 RSI。两条或多条 RSI 曲线的联合使用法则与两条均线的使用法则相同，即：短期 RSI 上穿长期 RSI，属于多头市场；短期 RSI 下穿长期 RSI，则属空头市场。

③背离信号：RSl 发出的背离信号，一般发生在超买或超卖区。当股价处于升势时，在收盘线的头部形成的一峰比一峰高，而 RSI 图中却出现后一个波谷低于前一个波谷，此现象为“顶背离”，是比较强烈的卖出信号。当股价处于跌势时，在收盘线的底部形成一底比一底低，RSI 图中却出现后一个波峰高于前一个波峰，此为“底背离”，此时，是比较强烈的买入信号。

④RSI 曲线的形态信号。当 RSI 在较高的位置形成头肩顶、M 头时，是卖出的信号；当 RSI 在较低的位置形成头肩底、W 底时，是买入的信号。这些形态一定要出现在较高位置和较低位置，一般来说，离 50 越远，结论越可靠。

不过，RSI 的各种形态所出现的时间和展示的形状与对应的 K 线图形态有所差异。

这是因为股价可在 0 至∞这个开区间任意变化，而 RS1 只能在 0 至 100 这个闭区间内取值，进而导致 RSI 值在不同的区域内和不同的方向上其变化的敏感度不一样，产生 RSI 图与 K 线圈之间的差异。这也有助于理解为什么在超买或超卖区内会出现“背离信号”。

3. 随机指标（KDJ）

（1）KDJ 指标包括日 KDJ 指标、周 KDI 指标、月 KDJ 指标、年 KDJ 指标以及分钟 KDJ 指标等各种类型。经常被用于股市研判的是日 KDJ 指标和周 KDJ 指标。虽然它们在计算时的取值有所不同，但基本的计算方法一样。

（2）KDJ 的运用法则。KDJ 指标是三条曲线，在应用时主要从五个方面进行考虑：KD 值的绝对数字、KD 曲线的形态、KD 指标的交叉、KD 指标的背离和 J 指标的取值大小。

①从 KD 的取值方面考虑。KD 的取值范围都是 0~100，将其划分为几个区域：80 以上为超买区，20 以下为超卖区，其余为徘徊区：当 KD 超过 80 时，是卖出信号；低于 20 时，是买入信号。应该说明的是，上述划分只是 KD 指标应用的初步过程，仅仅是信号，完全按这种方法进行操作很容易导致损失。

②从 KD 指标曲线的形态方面考虑。当 KD 指标在较高或较低的位置形成头肩形和

多重顶（底）时，是采取行动的信号：这些形态一定要在较高位置或较低位置出现，位置越高或越低，结论越可靠。

对于 KD 曲线，也可以画趋势线，以明确 KD 的趋势：在 KD 的曲线图中仍然可以引进支撑和压力的概念：某一条支撑线和压力线被突破，也是采取行动的信号。

③从 KD 指标的交叉方面考虑：K 线与 D 线的关系就如同股价与 MA 的关系一样，也有死亡交叉和黄金交叉的问题。不过这里交叉的应用较为复杂，还附带很多其他的条件。

以 K 线从下向上与 D 线交叉为例，K 线上穿 D 线是金叉，为买入信号。但是出现了金叉时是否应该买入，还要看其他的条件：

·金叉的位置应该比较低，是在超卖区的位置，越低越好。

·与 D 线相交的次数。有时在低位，K 线、D 线要来回交叉好几次。交叉的次数以 2 次为最少，越多越好。

·交叉点相对于 KD 线低点的位置，这就是常说的“右侧相交”原则：K 线是在 D 线已经抬头向上时才同 D 线相交，比 D 线还在下降时与之相交要可靠得多。

④从 KD 指标的背离方面考虑。当 KD 处在高位或低位，如果出现与股价走向的背离，则是采取行动的信号。当 KD 处在高位，并形成两个依次向下的峰，而此时股价还在一个劲地上涨，这叫顶背离，是卖出的信号；与之相反，KD 处在低位，并形成一底比一底高，而股价还继续下跌，这构成底背离，是买入信号。

⑤在实际使用中，常用 J 线指标。J 指标常领先 KD 值显示曲线的底部和头部。J 指标的取值超过 100 和低于 0 都属于价格的非正常区域，大于 100 为超买，小于 0 为超卖。另外，随机指数还有一些理论上的转向讯号：当 K 线和 D 线上升或下跌的速度减弱，出现屈蓝，通常表示短期内会转势；K 线在上升或下跌一段时期后，突然急速穿越 D 线，显示市势短期内会转向；K 线跌至 0 时通常会出现反弹至 20~50 之间，短期内应回落至 0 附近，然后市势才开始反弹；如果 K 线升至 100，情况则刚好相反。

二、趋势型指标

1. 移动平均线（MA）

（1）MA 指标含义。移动平均可分为算术移动平均线（SMA）、加权移动平均线（WMA）、相指数平滑移动平均线（EMA）三种。在实际应用中常使用的是指数平滑移动平均线。

天数 N 是 MA 的参数。例如 10 日的 MA 简称为 10 日线［MA（10）］。同理，有 5 日线、15 日线等概念。起点的移动平均值可用起点的收盘价代替。

根据计算期的长短，MA 又可分为短期、中期和长期移动平均线：通常以 5 日、10 日线观察证券市场的短期走势，称为短期移动平均线；以 30 日、60 日线观察中期走势，称为中期移动平均线；以 13 周、21 周研判长期趋势，称为长期移动平均线：西方投资机构非常看重 200 天移动平均线，并以此作为长期投资的依据：若行情价格在 200 天均线以下，属空头市场；反之，则为多头市场。

由于短期移动平均线较长期移动平均线更易于反映行情价格的涨跌，所以一般又把短期移动平均线称为“快速 MA”，长期移动平均线则称为“慢速 MA”。

（2）MA 的运用法则。在 MA 的应用上，最常见的是葛兰威尔的“移动平均线八大买卖法则”此法则是以证券价格（或指数）与移动平均线之间的偏离关系作为研判的依据。八大法则中有四条是买进法则，四条是卖出法则，如图 5-3 所示。

①平均线从下降开始走平，股价从下向上穿平均线（①点处）；股价跌破平均线，但平均线呈上升态势（②点处）；股价连续上升远离平均线，突然下跌，但在平均线附近再度上升（③点处）；股价跌破平均线，并连续暴跌，远离平均线（④点处）。以上四种情况均为买入信号。

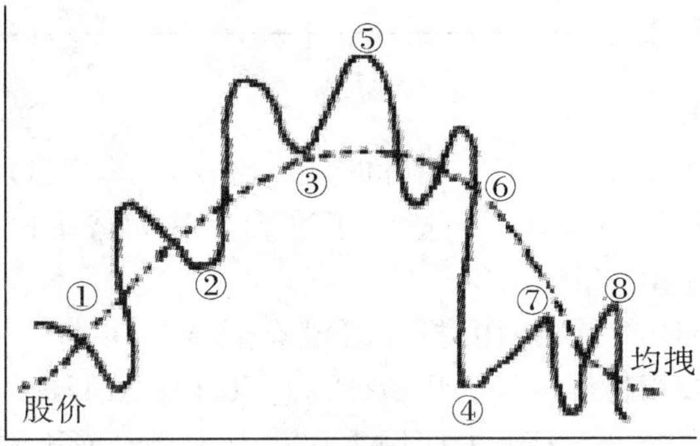

图 5-3　移动平均线八大买卖法则

②移动平均线呈上升状态，股价突然暴涨且远离平均线（⑤点处）；平均线从上升转为盘局或下跌，而股价向下跌破平均线（⑥点处）；股价走在平均线之下，且朝着平均线方向上升，但未突破平均线又开始下跌（⑦点处）；股价向上突破平均线，但又立刻向平均线回跌，此时平均线仍持续下降（⑧点处）。以上四种情况均为卖出信号。

2. 指数平滑异同移动平均线（MACD）

（1）MACD 指标的含义及计算。MACD 指标是从双移动平均线发展而来的，平均线减去慢的移动平均线。MACD 的意义和双移动平均线基本相同，但阅读起来更方便，当 MACD 从负数转向正数，是买的信号。当 MACD 从正数转向负数，是卖的信号。

当 MACD 以大角度变化，表示快的移动平均线和慢的移动平均线的差距迅速拉开，代表了一个市场大趋势的转变：它是一项利用短期（常用为 12 日）移动平均线与长期（常用为 26 日）移动平均线之间的聚合与分离状况，对买进、卖出时机做出研判的技术指标。

（2）MACD 的运用法则：

①以 DIF 和 DEA 的取值和这两者之间的相对取值对行情进行预测。其运用法则如下：

· DIF 和 DEA 均为正值时，属多头市场：DIF 向上突破 DEA 是买入信号；DIF 向下跌破 DEA 只能认为是回落，作获利了结。

· DIF 和 DEF 均为负值时，属空头市场：DIF 向下突破 DEA 是卖出信号；DIF 向上穿破 DEA 只能认为是反弹，作暂时补空。

· 当 DIF 向下跌破 0 轴线时，此为卖出信号，即 12 日 EMA 与 26 日 EMA 发生死亡交叉；当 DIF 上穿 0 轴线时，为买入信号，即 12 日 EMA 与 26 日 EMA 发生黄金交叉。

②指标背离原则。如果 DIF 的走向与股价走向相背离，则此时是采取行动的信号：第一，当股价走势出现 2 个或 3 个近期低点时，而 DIF（DEA）并不配合出现新低点，

可做买；第二，当股价走势出现 2 个或 3 个近期高点时，而 DIF（DEA）并不配合出现新高点，可做卖。

MACD 的优点足除掉了移动平均线产生的频繁出现买入与卖出信号，避免一部分假信号的出现，用起来比移动平均线更有把握。MACD 的缺点与移动平均线相同。在股市没有明显趋势而进入盘整时，失误的时候较多。另外，对未来股价的上升和下降的深度不能提供有帮助的建议。

三、大型新指标

1. 腾落指数（ADL）

（1）ADL 指标的计算方法。ADL 指标的计算比较简单。日 ADL 是每日上涨股票总数与下跌股票总数的差值的累计。一般为了准确反映大势走向，都采用一段时间内 ADL 的累计值为当天的 ADL 值。

和其他指标完全不同的是，ADL 指标既没有周 ADL 指标、月 ADL 指标、年 ADL 指标，也没有分钟 ADL 指标等各种类型指标，它只有日 ADL 这一种指标。

（2）ADL 的运用法则。①ADL 的应用重在相对走势，而不看重取值的大小。这与 OBV 相似。②ADL 不能单独使用，要同股价曲线联合使用才能显示出作用。

·ADL 与股价同步上升（下降），创新高（低），则可以验证大势的上升（下降）趋势。短期内反转的可能性不大，这是一致的现象。

·ADL 连续上涨（下跌）了很长时间（一般是 3 天），而指数却向相反方向下跌（上升）了很长时间，这是买进（卖出）信号，至少有反弹存在。这是背离的一种现象。

·在指数进入高位（低位）时，ADL 并没有同步行动，而是开始走平或下降（上升），这是趋势进入尾声的信号。这也是背离现象。

·ADL 保持上升（下降）趋势，指数却在中途发生转折，但很快又恢复原有的趋势，并创新高（低），这是买进（卖出）信号，是后市多方（空方）力度强盛的标志。

③形态学和切线理论的内容也可以用于 ADL 曲线。

④经验证明，ADL 对多头市场的应用比对空头市场的应用效果好。

2. 涨跌比率指标（ADR）

（1）ADR 指标的计算方法。

由于选用的计算周期不同，涨跌比率 ADR 指标包括 N 日 ADR 指标、N 周 ADR 指标、N 月 ADR 指标、N 年 ADR 指标以及 N 分钟 ADR 指标等很多种类型。经常被用于股市研判的是日 ADR 指标和周 ADR 指标。虽然它们计算时取值有所不同，但基本的计算方法一样。

ADR 图形在 1 附近来回波动，波动幅度的大小以 ADR 取值为准：目前，市场比较常用的参数为 10 和 14 等，另外还可以用 5、25、30、60 等。ADR 参数的选择在 ADR 技术指标研判中占有重要的地位，参数的不同选择对行情的研判可能都带来不同的研判结果：

（2）ADR 的运用法则。

①从 ADR 的取值看大势。ADR 在 0.5 至 1.5 之间是常态情况。此时，多空双方处于均衡状态。在极端特殊的情况下，如出现突发的利多、利空消息引起股市暴涨暴跌

时，ADR 常态的上限可修正为 1.9，下限修正为 0.4，超过了 ADR 常态状况的上下限。这是采取行动的信号，表示上涨或下跌的势头过于强烈，股份将有回头的可能。ADR 处于常态时，买进或卖出股票都没有太大的把握。

②ADR 可与综合指数配合使用，其应用法则与 ADL 相同，也有一致与背离两种情况。

③从 ADR 曲线的形态上看大势。ADR 从低向高超过 0.5，并在 0.5 上下来回移动几次，是空头进入末期的信号；ADR 从高向低下降到 0.75 之下，是短期反弹的信号。ADR 先下降到常态状况的下限，但不久就上升并接近常态状况的上限，则说明多头已具有足够的力量将综合指数拉上一个台阶。

④在大势短期回档或反弹方面，ADR 有先行示警作用，若股价指数与 ADR 成背离现象，则大势即将反转。

3. 超买超卖指标（OBOS）

（1）OBOS 指标的计算方法。OBOS 指标包括 N 日 OBOS 指标、N 周 OBOS 指标、N 月 OBOS 指标等很多种类型。虽然他们计算式取值有所不同，但基本计算方法是一样。

可以看到 OBOS 指标的计算方法和 ADR 指标的计算方法很相似。不同的是 OBOS 指标的计算方法是选择上涨和下跌家数总数的相减，而 ADR 指标是选择将两者相除。选择相除还是相减是从两方面描述多空方法的差距，本质上没有大的变化，只是计算方法和侧重不同而已。ADR 指标侧重于多空双方力量的比值变化，而 OBOS 指标是侧重于多空双方力量的差值变化。

将 OBOS 值绘于坐标图上，以时间为横坐标，OBOS 值为纵坐标，将每一个计算周期所得的 OBOS 值在坐标线上标出位置并连接起来就成为 OBOS 曲线。

（2）OBOS 的运用法则。

（3）根据 OBOS 的数值判断行情。当 OBOS 的取值在 0 附近变化时，市场出去盘整时期；当 OBOS 为正数时，市场出去上涨行情；当 OBOS 为负数时，市场处于下跌行情。当 OBOS 达到一定正数值时，大势处于超买阶段，可择机卖出；反之，当 OBOS 达到一定负数时，大势超卖，可伺机买进。至于 OBOS 超买超卖的区域划分，受上市股票总的家数、参数的选择的直接影响。其中，参数选择可以确定，参数选择得越大，OBOS 一般越平稳；但上市股票的总家数则是不能确定的因素，这是 OBOS 的不足之处。

①当 OBOS 的走势与指数背离时，是采取行动的信号，大势可能反转。

②形态理论和切线理论种的结论也可用于 OBOS 曲线。

③当 OBOS 曲线第一次进入发出信号的区域时，应该特别注意是否出现错误。

④OBOS 比 ADR 的计算简单，意义直观易懂，所以使用 OBOS 的时候较多，使用 ADR 的时候较少，但放弃 ADR 是不对的。

实训练习 3

目的：使学生掌握常见的技术分析指数，能够运用技术指标分析实时的证券行情。

场景：在实训室模拟证券公司营业部分分析股票交易行情。

客户身份：客户目前对证券市场进行短期投资，但对证券投资的技术分析指标了解很少。来到证券公司营业部，向客户经理了解证券投资技术分析中的常见分析指标，希望能够掌握几种常见的技术指标以便在具体的投资中运用。

规则与要求：学生两人一组，一位客户，一位客户经理。以小组为单位，讨论证券投资的主要技术指标含义。结合指标含义指出至少一个买入时机（或卖出时机），并说明原因。客户经理针对客户的以上要求，选择几种较简单实用的技术分析指标，详细地向客户介绍它的原理和应用法则。

评价：根据小组对问题解释阐述的合理性与准确性，由学生互评和教师总评。

实训过程：

实训总结和心得体会：